はじめての第二言語習得論講義

―― 英語学習への複眼的アプローチ

馬場今日子 [著]
新多　了

大修館書店

はじめに
――この本の使い方

なぜこの本を書こうと思ったのか

　筆者らは普段20歳前後の大学生に自分たちの専門である「第二言語習得」という研究分野について講義をしています。講義をする際に参考にしている本はいろいろありますが，1冊の本をテキストとして指定することはしてきませんでした。なぜなら日本語で書かれた大学生にも読みやすい入門書は非常に限られていたからです。読みやすいだけでなく，第二言語習得という分野を幅広くカバーしていて，半年あるいは1年間という時間をかけて勉強できる本があったらなぁ，と常々考えていました。さらに大学生のみなさんが身近に感じられる話題を多く取り上げてあるといいなぁ，と思っていました。

　テキストがなくても講義はできますが，良いテキストがあると教員側が授業がしやすくなるだけでなく，学生のみなさんも予習・復習がしやすくなり，教育効果が上がることが期待できます。そこで，筆者らのこれまでの授業経験をふまえ，自分たちの理想とするテキストを作ってみようと，この本を書くことにしました。

「ものの見方」を身につけるためのテキスト

　このような背景がありますので，本書は読者の「知的成長」を第一の目標としています（そのための工夫は次節参照）。知的好奇心の旺盛な若い人々に，学問をもっと身近に感じてもらうのと同時に，身近な事柄について深く考えるきっかけにしてもらうことを目指しています。さらに，一般的なテキストとは異なり，「知識の伝授」にはあまり重点を置きません。それよりも様々なものの見方や考え方，概念を理解してもらえたらと考えています。

　世の中は一般的に即効性や実用性のある知識や技術を求める傾向があります。そのため，いわゆる「学問」は実社会で直接役に立たない無用なものと思われてしまいがちです。確かに現代のようにどんどん変化していく世の中では身につけた知識やスキルはすぐに時代遅れになります。ところが，ある学問を通して身につけた「ものの見方」は一生私たちを助けてくれます。「ものの見方」自体が役に立つこともありますし，「『ものの見方』を身につける能力」が

さまざまな時代や状況を柔軟に生き抜く助けとなるでしょう。この本がテーマにする第二言語習得だけでなく、文学も、数学も、歴史学も、あらゆる学問は自分が今まで持っていなかった新しい思考の枠組みを与えてくれます。

また、新しいものの見方を身につけると、1つの現象についてさまざまな見方をすることができるようにもなります。教育学者の苅谷剛彦はこれを「複眼思考」と呼んでいます。この本では第二言語習得に関するいくつかのテーマを扱いながら、それぞれのテーマについてできるだけ複眼的に考えていきます。本書がこうした新しい「ものの見方」を学ぶ手引きとなることを私たちは願っています。

工夫したこと

読者の知的成長を助けるため、本書は3つの工夫をしています。

工夫①

第一に、ものの見方を理解しやすくするために、それぞれのトピックが「なぜ、どのように面白いか」を説明するようにしています。例えばなんらかの研究成果を説明する際、研究内容を紹介するだけでは読者の印象に残りませんし、ものの見方を理解する役に立ちません。それよりも、どういった背景からそのような研究が行われたか、どうしてその問題設定になっているのか、その研究成果のどこが興味深く、それによって私たちにどんな影響を与えうるかといった解釈のほうが大切です。そこに研究の面白さがあるからです。

ただしこの解釈は主観的であり、「これが正解」という類のものではありません。本書における解釈にも少なからず筆者らの主観が入っているので、他の研究者が必ずしも同じ見解を持っているとは限りません。しかし、本書が知識の伝授ではなくものの見方を伝えることを重視する以上、このように解釈できますよ、と自らの考え方を説明することが重要だと考えました。

工夫②

第二の工夫は第一の点とも関連しますが、ものの見方やトピックへの理解がより深まるよう、意図的に筆者らの、そしてこれまで私たちの授業に参加した学生のみなさんの個人的体験やエピソードをたくさん紹介していることです。また、例え話もなるべく取り入れるようにしています。

人は他人の身の上話や体験談が好きです。これは単に野次馬根性というわけではなく，そこに物語（英語でいうところのnarrative）があるからだと思います。小説が物語の形式をとるのも，そこで扱われるテーマや哲学がもっとも伝わりやすいからだと考えられます。筆者らはこの「物語の力」を信じ，実際の授業でも体験談や例え話を意図的に多用してきました。それによって効果が上がったと感じていますので，本書でもこのやり方を踏襲することにしました。

工夫③

　こうして解釈や物語を加えていくためには，どうしても1つ1つのテーマやトピックをある程度掘り下げていく必要があります。しかし，第二言語習得という分野への導入書として，この分野をできるだけ幅広く見渡す必要もあります。そこで，第三の工夫として，「浅く広く」分野を概観するのではなく，筆者らが非常に重要だと考えるテーマを厳選し「ピンポイントに深く」取り扱うことにしました。大学生向けのテキストだからと過去の研究の話ばかりはせず，最新の研究についてもできる限り触れています。そして，未解決の問題や未来の研究についても一緒に考えていきたいと思います。

この本の活用法

　この本は初めて第二言語習得という分野を学ぶ大学生が専門家の指導なしに独りで読めるようできるだけ平易な文章で書かれています。そのため，「なんで英語は難しいのか」や「どうしたら外国語をうまく使えるようになるか」など外国語学習全般に興味を持っている方にも興味を持って読んでいただけるのではないかと思います。

　筆者ら自身は大学教員なので，本書を講義で使う他，演習形式のゼミのような授業でも授業外の課題として使う予定です。これからこの分野の入門講義を行う先生には，講義内容の参考にしていただけるかもしれません。他にも，大学の学部では他の分野を勉強していたが大学院からは第二言語習得を学びたいと考えている方（過去の筆者らです）が最初に読むのにも適しています。あるいは大学以外で英語教育に携わっている（幼児，小学生，中学・高校生，大人などを対象とされる）先生方が，第二言語習得という研究分野についてざっくりと知りたい，と思われるときにも本書は役に立つと思います。そして先生方の教育活動の一助となれば筆者としてこれほど嬉しいことはありません。

この本の構成

　本書は 10 章からなっています。この「はじめに」と第 1, 2, 3, 5, 10 章は馬場，第 4, 6, 7, 8, 9 章と「あとがき」は新多が執筆しています。全体の構成は，第 1〜3 章は第二言語習得の基礎を扱い，第 4〜8 章はこの分野で特に重要だと思われるテーマをカバーし，第 9, 10 章では最近注目を集めている話題を扱っています。

　各章の最後には，「読書案内」としてテーマに関する参考文献もご紹介しますので，興味を持ったらさらに深く調べるきっかけにしてください。また，その章で扱う内容を自分に引き付けてよく考えたり，さらに自分で調べたりできるように「ディスカッション・ポイント」を提示しています。ここでご紹介するディスカッション・ポイントは実際の授業で行って反応の良かったものを主に取り上げていますので，1 人で考えるために使っていただいてもよいですし，クラスで議論するための参考にしていただいてもよいと思います。さらに，特に説明が必要だと思われる用語については「用語解説」で説明しています。

　筆者らは第二言語習得研究という分野を非常に興味深いと感じ，これから学ぶべきことがまだたくさんあると思っています。ですから，まず第一にこの本は楽しんで読んでもらいたい，そしてこの分野に興味を持っていただきたいです。駆け出しの研究者である私たちとしては，一緒にこの分野を学ぶ面白さを分かち合いたいという希望を持って，本書を送り出します。

馬場今日子

はじめての第二言語習得論講義
──英語学習への複眼的アプローチ

はじめに──この本の使い方　iii

第1章　第二言語習得研究とは何か──考え方とその魅力　3

1　第二言語習得研究とは　3
2　第二言語習得研究は英語学習を多面的にとらえる　7
3　第二言語習得研究の魅力　11
4　第二言語習得研究はさらにおもしろい分野へ　15

第2章　なぜ人は言葉を習得するのか
　　　　　──母語習得についての2つの理論　18

1　チョムスキーの言語習得理論　18
2　トマセロの言語習得理論　23
3　トマセロが考える言語習得の前提・1
　　──他者の意図を読む能力　28
4　トマセロが考える言語習得の前提・2──パタン認識能力　33
5　チョムスキーとトマセロのどちらが正しいのか　35

第3章　母語と第二言語はどのように影響を与え合うのか
　　　　　──転移とリテラシー　38

1　母語が第二言語に与える影響　38
2　語用とコミュニケーションスタイルへの影響　43
3　第二言語を習得することは人生にプラスに働く　48

第4章　第二言語習得研究はどのように始まったのか
　　　　──認知的アプローチの時代　　57

　1　第二言語習得研究の誕生　　57
　2　第二言語はどのようなプロセスで習得されるのか
　　　　──認知的アプローチ　　61
　3　インプット−インタラクション−アウトプットモデル　　65
　4　第二言語習得研究の新しい時代の幕開け　　70

第5章　第二言語学習についての2つの見方
　　　　──認知的アプローチと社会的アプローチ　　76

　1　頭の中の世界と人間社会の世界　　77
　2　私のカナダ留学物語　　84
　3　アイデンティティ理論と第二言語習得　　88

第6章　第二言語習得研究と外国語教育
　　　　──タスク中心アプローチをめぐって　　95

　1　文法重視からコミュニケーション重視へ
　　　　──第二言語教育法の変遷　　95
　2　再び文法重視へ　　101
　3　タスク中心アプローチの登場　　104

第7章　どのような人が第二言語学習に向いているのか
　　　　──外国語適性とパーソナリティ　　114

　1　第二言語学習の成功は予測できるのか──外国語適性　　114
　2　第二言語学習に向いた性格はあるのか
　　　　──パーソナリティと第二言語習得　　123

第8章　どうすればやる気を持ち続けることができるのか
　　　　——第二言語動機づけ　　134

　1　第二言語動機づけとは　　134
　2　どのような動機づけが第二言語学習に役立つのか
　　　——マクロレベルの動機づけ　　137
　3　動機づけはいつも変化している
　　　——ミクロレベルの動機づけ　　144

第9章　英語学習は早く始めるべきか
　　　　——臨界期仮説と児童英語教育　　154

　1　若ければ若いほど良い？——言語習得の「臨界期仮説」　　155
　2　「子どもにやさしい」英語教育　　162
　3　「生きる力」を獲得するための英語活動　　169

第10章　第二言語習得の新しい考え方
　　　　——複雑系理論のアプローチ　　173

　1　複雑系理論とは何か　　173
　2　システムはいつもまわりと影響しあっている　　178
　3　なぜかある状態に引き寄せられる　　182
　4　システムは自律的にふるまう　　184
　5　大事な変化は突然起こる　　188

用語解説1　リテラシー　　50
用語解説2　言語の形式・意味・機能　　99
用語解説3　付随的学習と意図的学習　　100
用語解説4　「複言語主義」の考え方　　161
用語解説5　ピアジェの認知的発達の4段階　　165

おわりに　　193
参考文献　　196
索引　　203

はじめての第二言語習得論講義
──英語学習への複眼的アプローチ

第 1 章

第二言語習得研究とは何か
——考え方とその魅力

第 1 章は第二言語習得という分野の紹介です。基本用語の説明やこの分野特有の考え方，なぜこの分野が魅力的かについて説明します。

　私（馬場）が初めて第二言語習得研究という研究分野を知ったのは大学 4 年生のときでした。ちょうど就職活動をしている時期で，立ち寄った本屋でふと手に取った雑誌で見つけたのでした。当時自分の生き方について迷っていて，就職活動をしながら本当にこれは自分がやりたいことなのかと自問する毎日を送っていました。私は大学生の間ずっと家庭教師や塾講師として中学生から高校生までの生徒に英語をはじめさまざまな教科を教えていました。英語に限らず教えることがとても面白いなと感じていたので，そのとき第二言語習得という分野の存在を知り「これだ！」と思ったのでした。「外国語を学んだり，どうやって教えるかを追求する」ことが学問になるなんて画期的だ，ぜひ学びたいと思いました。その後大学院で勉強し，この分野が実に多様性に富んでいること，そして常に変化し続けていることを理解するようになりました。それから十数年経った今でも，さらに次々と興味深い話が出てくるので常に面白いと思いながら研究・指導に臨んでいます。

　この章で目指すことは，第二言語習得研究における基本的なものの見方を理解してもらうこと，そしてこの分野の魅力を伝えることです。まずは「第二言語習得研究はこんな風に考えるんだな」といった大雑把な感覚を持っていただければと思います。

1　第二言語習得研究とは

1.1　第二言語習得研究の多様性

　第二言語習得は英語で「Second Language Acquisition (SLA)」といいますので，本書でもこの表記を用います。分野外の方に SLA とはどんな分野かと問われれば，私は「第二言語（例えば日本人にとっての英語）をどうしたらうま

く使えるようになるか，あるいは教えることができるか，といった問題を扱います」と答えていますが，実は SLA 研究は第二言語の学習に関わるあらゆる現象を研究する実に幅広い分野です。例えば以下に挙げる点はこの分野の多様性を表しています。

① 研究対象となる年齢層やグループ
研究対象は子どもから大人まで，また移民として第二言語を使っている人や特定の職業についている人など実にさまざまです。
② 研究されるテーマ
「読む」「書く」「聞く」「話す」の4技能の習得だけでなく，学習の動機づけやさまざまな文法事項の習得，母語と第二言語の関係，脳内の言語処理，第二言語能力の評価（テスト）の仕方，老化と言語喪失など多種多様です。
③ 研究方法
研究テーマがさまざまであるため，研究方法も多様性に富んでいます。大別すれば「量的方法（quantitative method）」（テストやアンケートの結果を数字と統計を用いて分析する方法）と「質的方法（qualitative method）」（インタビューなどを言葉で分析する方法）があり，それらを組み合わせた「混合研究法（mixed method）」もあります。詳しく知りたい方には日本語の本では『外国語教育研究ハンドブック』（竹内理・水本篤）をおすすめします。
④ 研究に使われる理論
第5章で詳しく説明しますが，還元主義的アプローチ，社会的・文化的アプローチなど，さまざまな理論が用いられています。SLA は1つの理論だけ押さえておけば研究できる，という単純な分野ではありません。

このように SLA 研究は多種多様な側面を持っていますが，すぐに分野全体を理解するのは難しいので，まずはこの分野で基本中の基本とされる専門用語を紹介することで SLA 理解の手がかりを作りたいと思います。

1.2　専門用語の重要性

大学院時代，ある先生に「研究者がその分野に精通しているかどうかは，専門用語の使い方でわかる」といわれたことがあります。実際，自分が学術雑誌

に投稿された論文を査読する立場になったとき，専門用語の使い方でその論文の著者が大学院生など駆け出しの研究者なのか，それとも長年第一線で活躍している大御所なのか，始めのほうを少し読むだけで大体推測できるようになったので驚いたことがあります。

このように専門用語はただ「知っている」だけでは駄目で，適切かつ効果的に使えてこそ意味があります。ここで紹介する専門用語は，最低限これを知っておかないとその後の説明が理解しずらいものだけに限定しています。それ以外の専門用語は各章のテーマごとにそのつど紹介し，テーマ全体を理解しながら自然に使い方も身につけて行ってください。

その際に気をつけたいこととして，**専門用語は暗記しようとしないほうがよい**でしょう。何度も文章で出会い，自分で使ってみて身につけていくのが王道ですが，まずはその意味をよく理解しようとしてみてください。人ははっきりと理解したものは暗記しようとしなくても忘れません。

また，すべての用語に英語を併記しています。これは第二言語習得研究の多くが英語で発表されており，それらの文献へのアクセスを確保するためです。

1.3　第二言語習得研究の基本的な専門用語

世界のほとんどの人は生まれた場所で話されている言葉を子どもの頃に自然に習得します。例えば日本に生まれ両親も日本語を話している場合は日本語になりますが，この言語のことを「母語（mother tongue）」あるいは「第一言語（first language）」と呼びます。多くの人はもう少し大きくなってから2つ目の言語を学んだり，自然に身につけたりします。例えば日本語が母語の人にとっての英語がこれにあたります。これを「第二言語（second language）」といい，「L2（Language 2 の略で，「エルツー」と読む）」，または「追加言語（additional language）」と呼びます。L2は短くて使いやすいので，英語で第二言語を指すときはほとんどこの形で使用します。第一言語はこれに対して「L1（Language 1 の略で，「エルワン」と読む）」と呼ぶことが多いです。

第二言語には大きく二種類あります。周囲でその言語が話されている環境において自然に習得される第二言語（例えばアメリカのように英語が話されている環境で日本人が英語を習得する場合の英語）と，まわりではほとんど話されていない中で学ばれる第二言語（例えば日本のように日常的に英語が話されていない環境で学習される英語）です。両方とも第二言語と呼ぶこともありますが，後

者を前者と区別するときは「外国語 (foreign language, 略して FL)」と呼びます。

第二言語として学ばれるのは世界的には英語であることが多いのですが、「第二言語としての英語」は「ESL (English as a Second Language)」と呼び、それが外国語として学ばれる場合は「EFL (English as a Foreign Language)」と呼びます。

SLA 研究の中心となるのは第二言語を学ぶ人々です。この人々を「第二言語学習者 (L2 learners)」と呼びます。最近では学習者という言葉に未熟，能力が足りないといったニュアンスが含まれてしまうということで，学習者の代わりに「第二言語使用者 (L2 users)」や，「第二言語話者 (L2 speakers)」,「第二言語の書き手 (L2 writers)」と呼ばれることもあります。

第二言語が学ばれる環境は千差万別ですが、大別すると「自然な環境 (naturalistic contexts)」と「教育的環境 (instructed contexts)」に分けることができます。前者はまわりの人々が話しているのを耳にしたりそこに参加したり

図 1-1 第二言語習得研究の基本用語一覧

母語 (mother tongue)
第一言語 (first language)
L1 (Language 1)
第二言語 (second language)
L2 (Language 2)
追加的言語 (additional language)
外国語 (foreign language)
ESL (English as a Second Language)
EFL (English as a Foreign Language)
第二言語学習者 (L2 learners)
第二言語使用者 (L2 users), 第二言語話者 (L2 speakers), 第二言語の書き手 (L2 writers)
自然な環境 (naturalistic contexts)
教育的環境 (instructed contexts)
インプット (input)
アウトプット (output)
インタラクション (interaction)

して自然に学ぶ環境で、後者は学校の教室などで教わる環境のことです。

教科書を読んだり音声 CD を聞くなど、さまざまな環境において学習者が読んだり聞いたりして受ける言語情報のことを「インプット（input）」といい、逆に作文を書いたりスピーチをするなど、書いたり話したりして発信する言語情報を「アウトプット（output）」といいます。そして主に話し言葉に使われますが、学習者同士、あるいは先生と学習者が言葉を使ってやりとりすることを「インタラクション（interaction）」といいます。図 1-1 はここで紹介した専門用語の一覧です。各項目を見て何を指すかが大体わかれば OK です。

❖第 1 節のポイント

- ✓ SLA では研究対象、テーマ、方法、理論が多様性に富んでいる。
- ✓ 専門用語は理解し、正しく使うことが重要。
- ✓ 図 1-1 の SLA の基本的な専門用語を確認しよう。

2　第二言語習得研究は英語学習を多面的にとらえる

2.1　英語学習について信じられていること

日本では外国語としての英語（EFL）が中学校から学ばれ、最近では小学校でもカリキュラムに取り入れられています（2020 年からは小学校の英語も教科となる予定です）。ですから、第二次世界大戦後に日本で義務教育を受けた人はなんらかの英語学習経験があります。そのため多くの人が英語学習について一家言持っている、あるいは何か発言したくなるような親しみやすさがあります。ここでは、まず専門家ではない人が英語学習について持っている考えを紹介し、それに対して SLA ではどのように考えるかを説明することで、この分野のものの見方の特色を明らかにしてみましょう。

私の授業では、毎年最初の授業で受講生のみなさんに「英語学習について信じていることを書いてください」と自由記述のアンケートをしています。2013 年度と 2015 年度は以下のような回答がありました。大学生のみなさんはいろいろなことを信じているのがわかります。それぞれの意見はまわりでもよく耳にしますし、どれも正しいように聞こえます。

■留学したほうが英語を話せるようになる
「留学したほうが英語力は伸びる」
「英語を完璧にマスターするには英語を母語とする国に移住するべき」
「海外に住めばある程度英語がしゃべれるようになる」
■小さいときから英語を学び始めたほうがいい
「小さい頃から英語に触れていれば，中学生や高校生の勉強よりも身につくのが速い」
「小さい頃から英語に触れることは直接その子の英語力に関係しなくても，将来的に英語に対する抵抗がなくなったり，英語に対する学習意欲が高まったりと，メリットが多い」
■英語は話せることが大事
「英語は話せないと意味がない」
■英語の勉強は毎日継続することが大切
「毎日数分でいいから英語を聞くのが良い（続けることが大事）」
「集中して一気に勉強するよりも，毎日一定の量を繰り返し学習するほうが身につく」
■英語に興味を持ち，楽しむことが大事
「興味を持つこと，やりたいと思う気持ちが大切」
「楽しく勉強する（自分の好きなことと関連させる）と覚えられる。例えば，私はDisneyが好きだから，Disneyの作品を英語で観たり，ディズニーリゾートでかかってるアナウンスの発音はまねできる（笑）」

これらの意見に対してSLAではどのように考えるでしょうか。

2.2 英語学習についての意見に対する第二言語習得研究の見方

　SLAは英語学習について人々が信じていることを完全に否定するようなことはありません。どの意見にも一理あるからです。しかし，SLAを勉強すると，こういった個人的な意見や風説を，一概に「正しい」「正しくない」と判断することはできない，ということがわかってきます。
　英語学習は非常に複雑な営みなので，ある判断が正しい場合もあればそうでない場合もあり，普遍的かつ恒久的な正解はおそらく存在しません。ですから，確実にいえることは，「SLAを学べばすぐに英語ができるようになる（あるい

はすぐに英語の教え方がわかる）」と考えるのは間違いだ，ということです。むしろ，英語学習はそんなに単純なものではない，と示したことこそがSLAの最大の功績ともいえます。

英語学習は単純ではないので，先ほど紹介した大学生のみなさんの意見についても以下のように別の解釈や可能性を考えることができます。このようにさまざまなケースや可能性を検討し，より深く現象を理解しようとするのがSLAの方法です。

「留学したほうが英語を話せるようになる」

確かに留学すると英語力は伸びることが多いように思いますが，留学してどのように過ごすかにもよります。英語圏に住んだら自動的に英語を話せるようになるわけではありません。例えば，大人になってから移民してもう20年くらいそこで生活している方でも，日常的に英語を使わない環境にいるとあまり話せない（あるいは話さない）こともあります。例えば，私が住んでいたカナダのクリーニング屋さんは中華系の方が多かったのですが，彼らは必要最低限しか英語を話していませんでした。客とのやりとりは大体決まっていますし，それで特に業務に支障がなかったので，英語を話す必要を感じていなかったのかもしれません。

「小さいときから英語を学び始めたほうがいい」

英語を早く始めたほうが有利だと信じている人は多いですが，短期的に見ると大人のほうが速く英語を学習できることが知られています。同じような環境に長くいれば子どものほうが最終的には英語能力が高くなる可能性が高いのですが，3カ月など時間を区切ると大人のほうが効率よく英語を学習することができます。また，小さいときに学び始めたとしても，先生に恵まれず「英語は難しい」「英語はつまらない」など英語学習に対するネガティブな感情を植え付けられてしまう場合もあります。いったんそのような感情を持ってしまうと，例えば中学生になってゼロから始める人よりも不利な状況になる場合もあります。このテーマについては第9章で詳しく説明します。

「英語は話せることが大事」

この意見は毎年多くの大学生から聞かれます。やはり，英語を話している姿

は格好よく見えるからでしょうか。しかし，例えば卒業生で多少なりとも英語を使う職場で働いている人は口をそろえて「英語を話せるよりも書けることのほうが大事だ」といいます。そもそも世界のあちこちの人と仕事をする場合，時差もありますからメールでのやりとりが多くなります。メールだとそのまま記録として残り便利です。また，話すのはその場にいる人に限られますが，書かれたものは時間や場所を問わず多くの人が読むことができます。英語は話すよりも書ける方が重要で，実は世界を動かしているのは「英語を書ける人」なのかもしれない，と筆者らは考えています（詳しくは第3章参照）。

「英語の勉強は毎日継続することが大切」

この意見も日本では広く信じられているように思います。「何事もコツコツ」というのは勤勉な日本人好みです。もちろん，これも大事なことです。しかし，実は語学力の上達に一番効果があるのは，短期間集中して学ぶやり方だともいわれています（『英語はもっと科学的に学習しよう』，白井恭弘）。例えば英語しか使ってはいけない環境で1カ月くらい朝から晩まで英語の勉強をしたら，かなり流暢に英語が操れるようになるかもしれません。

「英語に興味を持ち，楽しむことが大事」

もちろん，興味を持って楽しむことは重要です。しかし，自分の学習経験を振り返ると，英語力が格段に向上した時期というのは，英語を使うことに関して苦しく辛い思いをした後にやってきたりしました。大学生の中にも以下のような意見を出してくれた人がいました。

　　「劇の予約を電話でしようとしたとき，相手の英語が聞き取れなくてひどいことを言われたが，それも聞き取れず，電話を切られた。このことは自分の教訓となり，英語を話せるようにがんばろうと思った。」

辛い思いをすると，一念発起して努力したりしますよね。人によっては，そういったネガティブな経験も英語学習にはプラスに働く場合もあるでしょう。

2.3　英語学習はさまざまな側面から成り立つ

このように，英語学習には異なる側面が存在します。また，「誰が，どういっ

た環境で，どんな目的を持って学ぶか」によっても最善の学習方法は変わってきます。もし，SLA の研究者が誰かに「英語ができるようになるにはどうしたらいいですか？」と質問されたら，こう問い返すかもしれません。

「あなたのいう「英語」とはどんな「英語」のことですか？話すことですか，書くことですか，それとも他のことですか？どの分野でどのようなときに使われる英語ですか？どこの地域の英語ですか？「できるようになる」とはどういう意味で使っていますか？何ができるようになれば「できるようになる」といえると考えていますか？また，あなたは普段どのように英語を勉強していますか？どういった目的でどのような環境で英語を使用する予定ですか？英語に関して将来どのように関わっていくつもりですか？あなたのやる気はどの程度で，どれくらい時間やエネルギー，金銭的な投資をするつもりですか？あなたは普段どんな人々と関わりを持ち，どんな家族関係ですか？海外へ留学する予定はありますか？（以下略）」

実際にはこんな風に質問攻めにする研究者はいないでしょうが，実はこれらの要素の 1 つ 1 つが「どうしたら英語ができるようになるか」という最初の問いに関係があるので，こういった情報なしに簡単に答えることができないのです。これらの要素がどう英語学習に関係してくるかについてはそれぞれの章で取り上げていきます。

❖第 2 節のポイント
- ✓ 英語学習についてはさまざまな意見がある。
- ✓ どの意見もある面においては正しいが，SLA では別の観点から異なる考えについても検討する。
- ✓ 英語学習は多面的である。

3　第二言語習得研究の魅力

第二言語の習得や使用について研究する SLA の魅力とは何でしょうか。以前文学を研究されている先生数人に，「なぜ文学を勉強するといいのですか」

や「文学の何が面白いのですかと学生に聞かれたらどう答えますか？」とうかがったことがあります。そのとき1人の先生が「とにかく勉強してみなさい，そうすれば面白さがわかるから，と答えます」とおっしゃっていました。もちろん，学問は苦労してやってみて初めて「ああ，面白いな」と思えることがあります。一方で，すでに面白さを知っている側が一生懸命その面白さを伝えようとする努力もまた大切なのではないかとも思います。そこでこのセクションでは筆者らの考える，SLAの3つの魅力を紹介します。

3.1 第一の魅力──生身の人間を研究する

　第一の魅力は研究対象が生身の人間だということです。例えば法学は法律が，文学は文学作品が研究対象です。法律や文学作品は人間が作り出したルールや芸術ですが，人間そのものではありません。それらの研究も究極的には人間の研究に行きつくのでしょうが，ダイレクトに人間を研究する面白さは格別です。

　ましてや言語を操ることは，そのことが人間を人間たらしめているといっても過言ではないような，特別な営みです。ですから言語それ自体を研究すること（これは言語学です）はもちろん面白いのですが，「人が言語を使うこと」を研究することはもっと面白いとSLAの研究者は思っているはずです。そこには人の認知的な活動（例えば英語で文章を読むときに文字を認識したり意味を理解したりするなどの頭の中で起きている現象）だけでなく，社会・文化的な側面や感情といった人間臭い要素も入ってくるからです。

　また，人間を研究するということは，SLA研究が現実世界から乖離しすぎないということも意味しています。この分野では研究者が精緻な理論を作り上げて悦に入っているような，いわゆる「象牙の塔」にこもったままでいることはあまりありません。たとえSLAに関してどんなに美しい理論やモデルを作ったとしても，実際の教育現場などにまったく適用できないとしたらその理論やモデルは淘汰されていくでしょう。

　人間を取り巻く現実というのはひどく複雑で予測するのが難しい，研究するにはやっかいなしろものです。抽象化された物理法則のようにすっきりといかないのが普通です。余計な要素をどんどんそぎ落とし単純化していけばすっきりとしたモデルが作れるかもしれません。しかしSLAでは（特に最近は）できる限りさまざまな要素をあえて除外しないように努力します。というのも「余

計」とされるものにむしろ学習のメカニズムに作用する要素が隠れているかもしれないからです。言葉の学習という複雑な現象に有効な学習のあり方を模索し，なんらかの普遍性を見いだしていこうと格闘するのがこの分野の醍醐味です。

3.2 第二の魅力——学際的である

　第二言語習得研究の第二の魅力は，「学際性（interdisciplinarity，あるいは最近では transdisciplinarity（超分野性）と呼ばれることもあります）」です。「学際的」とは，なんらかのテーマを追求していく際に，1つの研究分野に限定せず，関連する他のさまざまな分野の知見も使いながら研究していくことです。例えば，21世紀は「脳の世紀」と呼ばれることがありますが，この脳の仕組みは非常に複雑なので，医学，生物学，物理学，工学，心理学など多方面から学際的に研究されています。

　学問というのは，伝統的には研究しやすいように研究対象を限定し，ある枠組みをはめて世界を切り取り，その中で成立するような理論体系を作り上げるのが一般的でした。しかしそうすると，どうしても現実から乖離した研究成果ばかりが生み出されてしまいます。これは人間を研究する場合はあまり賢いやり方とはいえません。第二言語習得という営みも，非常に複雑かつさまざまな要素がからみあっているので，1つの理論だけで研究していくだけでは無理があります。

　SLA という研究分野は出発点からすでに学際的でした。この分野は言語学，言語教育学，子どもの母語習得，心理学が組み合わさって誕生しました（SLA の誕生について詳しくは第4章を参照）。時が経つにつれ，それ以外のさまざまな分野の知見も応用されるようになりました。例えば，脳科学，文化人類学，文学，人工知能，社会学，最近では自然科学などです。こういった特性があるため，SLA はしばしば「軸がない」，とか「自立性がない」などと批判されることもあります。しかし筆者らはこれを魅力と考えています。

　私は明治時代に活躍した生物学者の南方熊楠（1867-1941）を尊敬しているのですが，この点について彼の考え方が参考になります。

　南方によれば，研究対象とするものは何でもよいわけではありません。彼は研究する価値が高いものとそうでもないものがあると考えていました。ものごとには因果というものがあり，その因果がたくさん交わっている事象こそ研究

するに値する，と考えたのです。南方はこれを図1-2のように図化して説明しています。1つ1つの線が因果を表します。これを見ると「ヌ」や「ル」と書かれた場所は他と交わりがありません。それに対して「イ」などはたくさんの線が交わった部分にあります。この「イ」のような事象を研究することでこの世界の謎に迫りたいと考えたわけです。

　南方が研究した粘菌は，時にはアメーバ状になって動き，時にはキノコ状になってその場にとどまりと，動物と植物両方の特徴を備えています。動物と植物が交わるところ，すなわち因果がたくさん交わるところに存在するからこそ，粘菌を研究する価値があるとしたのです。

　同様に，SLAも母語と第二言語が交わるところ，さまざまな文化が交わるところ，人間の認知，心理，文化，社会がすべて交わるところにあります。第二言語を習得するというのは，究極的には各人の頭の中で起きる現象（認知活動）とも考えられますが，そこにはその人の心理状態や背負っている歴史や文化的背景も影響します。また，実際に第二言語を使う際にはどのような社会的環境でどんなコミュニケーションをするかも非常に重要なポイントになります。つまり第二言語習得は因果がたくさん交わるところにあるのでさまざまな分野の力を借りる必要がありますが，それだけ研究し甲斐のある現象だということができます。

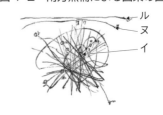

図1-2　南方熊楠による因果の図

3.3　第三の魅力——研究分野が新しい

　第二言語習得研究の第三の魅力は，新しい分野であるという点です。この分野は1960年代に始まったとされ，まだ50年弱の歴史しかありません。私は大学院生の頃，次のように思っていました。「物理学などの古い分野はこれまでの研究成果を学ぶだけでものすごく時間がかかってしまう。でもSLAならまだ新しいから過去の研究について学ぶ時間があまりかからず，短期間で最新の研究まで行きつけるに違いない」と。これは新しく研究を始める研究者にとってはある意味メリットともいえます。デメリットがあるとすれば，新しいだけに研究分野自体がどんどん発展・変化していきやすく，ついていくのが大変ということでしょうか。

筆者らはこの変化の激しさを研究分野の生きのよさととらえています。新しい分野だからこそ活気があり，大御所の研究者が権威を振りかざしたりはせず（研究者にもよるかもしれませんが），新しい考え方や解釈，分析法などを取り入れつつ，みんなでフロンティアを切り開いていこう，といった気概が感じられます。

❖第3節のポイント
> ✓ 筆者らの考えるSLAの魅力は，人間が研究対象であること，学際的であること，研究分野が新しいことである。

4　第二言語習得研究はさらにおもしろい分野へ
4.1　還元主義から社会的アプローチへ

　1960年代に始まった第二言語習得研究は1990年代半ばに大きな転換期を迎えます。この転換期の前は還元主義的な研究が主流でした。「還元主義」とは，研究対象をなんらかの要素に分解し，それを特定することで全体を理解できるとする考え方です（詳しくは第4章，第5章を参照）。例えば，「話す」という行為を研究対象とする場合，「話す」行為を「内容を考える」「文法・音韻構造に乗せる」「発声する」という3つに分解し，それぞれがどうなっているかを理論化すれば「話す」仕組みを理解できると考えます。例えるならば，人間を理解しようとして人間の身体を分解し，内臓や筋肉や骨などのパーツに分け，それぞれの特性を理解すれば人間全体がわかったと考えるようなものです（図1-3）。還元主義的な研究はわかりやすく，理論化・モデル化がしやすく，いかにも科学的な感じがします。

　しかし，例えばこの方法で人体についてなんらかの知見が得られたとしても，これで人間がわかったと納得するのは困難です。なぜなら，人間はそのように一面的で単純な存在ではないからです。

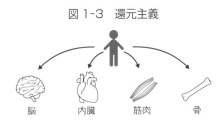

図1-3　還元主義

脳　内臓　筋肉　骨

「話す」行為にしてもしかりです。「話す」ことは機械のように単に内容を音にして出す行為ではありません。そこには（目の前にいてもいなくても）相手の存在があり，相手の目的や性格で話し方は変わってきますし，話をする状況によっても内容や話し方は異なってきます。あるいはその日の体調や気分によっても異なりますし，その人のこれまでの人生や，考え方，生活習慣，どんな職業についてどれくらいの収入を得ているか，など無数の要素がからみあって「話す」行為に影響を与えます。還元主義的な研究からはそういったさまざまな要因（特に社会的側面）が抜け落ちてしまいます。

4.2 多様性の時代

1990年代半ばの転換期になされたのは，そういった人間の社会的側面にもっと着目していくべきだ，という呼びかけでした。これを「ソーシャルターン (the social turn)」といいます（ソーシャルターンというと和製英語で「田舎に移住すること」という意味で使われることがあるらしいのですが，それとはまったく違います）。このソーシャルターンのおかげでSLAでそれまで研究することが難しかった社会的要因（例えば人間関係や社会文化的な影響など）がより研究しやすくなり，その重要性も広く認識されるようになりました（詳しくは第4章および第5章参照）。そしてその方向性は現在でも続いています。前述の第一の魅力（人間を研究する学問であること）がますます強まっているのです。

もう1つ，私たちのような英語圏以外の出身者にとって良い時代になってきたと思えるのは，非英語圏出身の研究者たちが大きな影響力を持つようになってきたことです。これは通常表だっていわれていないことだと思いますが，SLA研究が始まって長い間，分野を仕切っていたのは英語圏出身の（誤解を恐れずに書けば）白人の研究者でした。このことが必ずしも悪いというわけではありませんが，特定の言語を母語とし，同じような文化的背景を持つ人々だけが知の構築に関わるというのは学問にとって健全であるとはいえません。

ところが最近では英語を母語としない，非英語圏出身の研究者たちがこの分野で大きな影響力を持つようになりました（例えば *Language Learning* や *The Modern Language Journal* などのSLAの有力な学術雑誌の編集長にスペインやドイツ出身の研究者が就任するなど）。もちろんそういった研究者たちは英語圏の教育機関で教育を受けている場合がほとんどなので，単純に「非英語圏出身」と括ってしまうのは適切ではないかもしれません。しかし，そうだとしてもそれ

以前よりは世界のさまざまな文化・社会地域から声を上げやすくなってきていることは確かです。日本人研究者の活躍も目立っています。私たち日本人の考え方や研究成果も世界に向けて発信しやすくなってきているのです。

❖第4節のポイント
- ✓ SLAでは近年多くのアプローチが登場し，特に人間の社会的側面を重視する考えに注目が集まっている。
- ✓ 研究者の世界も多様化が進み，ますます興味深い研究分野になってきている。

読書案内

この本の巻末の参考文献一覧に挙がっている本の中で，＊が付いているものがSLA分野のおすすめの入門書です。SLAについてさらに詳しく知りたい方は参考にしてください。

❖ディスカッション・ポイント ……………………………………
- ☐ 英語学習についてあなたが信じていることを書きだしてみてください。そして，それぞれについて別の観点から異なる可能性を挙げてみましょう。
- ☐ もしSLAの研究をするとしたらどういう問題を扱い，どのような方法で調べることができるか検討してみましょう。

第 2 章

なぜ人は言葉を習得するのか
——母語習得についての 2 つの理論

第 2 章は母語習得を取り上げます。「言葉」は人間にとって非常に根本的な問題ですので，私たちが母語をどのように習得するのか知ることは第二言語習得について理解するためにも重要です。ここでは母語習得を説明する 2 つのまったく異なる理論を紹介し，コミュニケーションの大切さについて考えます。

　この本は SLA の話を中心に扱いますが，その前にぜひとも考えておかなければならないテーマがあります。それが，「どうやって人は言葉を習得するのか」という根源的な問題です。言語習得は人間の本質に関わる部分であり，このテーマが非常に重要なのは母語でも第二言語でも同じです。SLA では第二言語に特有の現象を扱うので，言語の習得（主に母語の習得）についての根本的な議論は SLA の教科書では取り上げられることが少ないように思います（例外として，『ことばの習得——母語獲得と第二言語習得』（鈴木，白畑））があります）。しかし，あまりにも大切なことなのでこの章で取り上げることにします。

　本章で一番強調したいことは，**言葉はコミュニケーションと切り離すことができない**ということです。このことはこの本の残りの章すべてで説明することの土台となります。SLA にはこのような立場をとらない研究者もいます。しかし，筆者らは言葉は母語であろうが第二言語であろうがコミュニケーションを通じて学ばれ，コミュニケーションの中で使用される，という立場をとります。その意味をこれから詳しく説明していきます。

1　チョムスキーの言語習得理論

1.1　生得的言語習得観と創発的言語習得観

　人間と言葉の関係を考えるときにまず問題となるのは，人間はどうやって言葉を習得するのだろうか？ということでしょう。この本の読者は第二言語はどうしたら習得できるか，あるいは教えられるかに関心があると思いますが，そ

そもそも第二言語は母語の土台なしに習得できません（まれに他国に移民したのち母語を失ってしまい，第二言語だけ残ってしまうケースがありますが，そうなると非常にやっかいな問題を抱えることになります）。母語と第二言語の関係については第3章で詳しく考えますが，この章ではそもそも人間はどうして言葉を習得するという高度なことができるのか？という問題を取り上げます。

人間の言語習得の仕組みを説明しようとする理論はいろいろありますが，その理論の背景となる言語習得観には代表的なものが2つあります。1つはノーム・チョムスキー（Norm Chomsky）が代表する「生得主義（nativism）」の考え方で，もう1つはマイケル・トマセロ（Michael Tomasello）が代表する「創発主義（emergentism）」の考え方です。どちらの立場に立つかによって言語やその役割のとらえ方が異なるため，研究テーマの設定から研究方法までまったく異なってきます。この2つの言語習得観の理論について知ることで言語習得についての考えを深めることができますので，以下に紹介します。筆者らは創発的言語習得観の立場に立ちますので，本章ではトマセロの理論を特に詳しく見ていくことにします。

1.2 行動主義（チョムスキー以前）

チョムスキーが言語習得についての理論を提唱する以前にも，バラス・スキナー（Burrhus Frederic Skinner，B. F. Skinner と表記されることが多い）が「行動主義（behaviorism）」という考え方をもとに言語習得を説明しようとしました。行動主義といえば，パブロフの犬の実験が有名です。この実験ではまず犬にベルの音を聞かせながらエサをやります。エサを食べるとき犬は唾液を出しますので，ベルの音を聞かせながらエサをやるのを何度も繰り返すと条件付けができます。そうすると，犬はベルの音を聞いただけで，たとえエサがなくても唾液を出すようになります。このようにして，なんらかの刺激（ベルの音）と反応（唾液を出す）の結びつきが強化されることで習慣が形成されると考えるのが行動主義です。スキナーはこの考え方を言語習得にも応用しました。

スキナーは子どもの言語習得もパブロフの犬と同様に「習慣形成（habit formation）」だと考えました。まず親やまわりの大人が子どもに話しかけます。すると子どもはそれをまねます。それを見て親は喜び，子どもを褒めます。子どもは褒められて嬉しいのでますますまねをするようになります。こうして話しかけられた言葉という刺激とそれをまねするという反応の結びつきが強化さ

れ，言語習得が起きるというのです。つまり，子どもの言語習得とは周囲の言葉をまねることで起こる，習慣形成の一種だという考え方です。

1.3 行動主義に対するチョムスキーの批判

チョムスキーはこの行動主義を批判し，独自の言語習得理論を構築しました。批判した内容はおおまかにいうと2点あります。

(1) 子どもは正しい文と間違った文を区別できる

行動主義の考え方では，子どもはまわりの言葉をまねることで言語を習得しますが，チョムスキーは「現実世界には非文法的な文や言い間違いがたくさんあるのに子どもは正しく言葉を習得できるではないか」と指摘しました。例えば，子どもが聞いている大人の言葉には「セマがヘヤい（部屋が狭いというべきところ，実際に私（馬場）がした言い間違いです）」のような言い間違いがあります。そういう言葉を浴びせられても子どもは文法を習得し，文が正しいかそうでないか判断できます。これはただまねをしているだけでは不可能です。

また，ネイティブスピーカーは母語で間違った文を聞くとすぐに非文だと気づきます。例えば，「それについてどう思いますか？」は英語で"What do you think about it?"といいますが，"How do you think about it?"という似たような文（これは日本人英語学習者がよくする間違いです）を聞くと，英語のネイティブスピーカーは直感的に変な文だと判断します。もし行動主義の考え方のように，子どもの言語習得がすべて周囲の言葉のまねで起こるなら，こうした「聞いたことのない非文」を「間違っている」と判断することはできないではないか，とチョムスキーは批判したのです。

(2) 子どもは聞いたことのない文を作ることができる

チョムスキーは「もし行動主義が主張するように言語習得は模倣による習慣形成だとしたら，聞いたことのない文を作ることもないはずだ。しかし人間はほぼ無限に新しい文を作り出すことができるではないか」という指摘もしています。

例えば，こんな笑い話があります（ライトバウン，スパダ，2014, p. 20）。英語圏の話ですが，ホームパーティーを開いているとき，その家のお父さんが乾杯の音頭をとり，"I would like to propose a toast."といいました。これは「乾

杯します！」という意味ですが，これを聞いた子どもがしばらくしてお父さんのまねをしながら"I would like to propose a piece of bread."といったそうです。このケースは確かに途中まではまねをしているのですが，"a toast"の部分が"a piece of bread"と言い換えられています。子どもはa toastがいつも食べているトーストのことだと思い，こう発言したのでしょう。このような聞いたことのない新しい文を作り出す現象は行動主義の理論では説明できません。

1.4 チョムスキーの言語習得理論の特徴

　これらの批判をもとに生み出されたチョムスキーの言語習得理論は，「原理とパラメータのアプローチ（principles and parameters approach）」と呼ばれています。この理論は「普遍文法（Universal Grammar，よくUGと略されます）」というチョムスキーの中心的な考え方に基づいています。普遍文法の説明を詳しくしようとすると話が非常に複雑になってしまうので（1950年代に最初の普遍文法理論が提唱されてから10年ごとくらいに大きなモデル改変が行われ，どんどん議論が複雑になっていきました），ここでは初期の頃の理論から変わっていない根本的なアイディアに絞って説明します。

　チョムスキーは，人間の言語はたくさんの規則や原理によって縛られていて，その規則・原理が頭の中にあれば無限に文を生み出していくことができると考えました。その，言葉を生み出すもとになるもののことを普遍文法といい，この普遍文法は普遍原理とパラメータからなっています（そのため，原理とパラメータのアプローチと呼ばれるわけです）。

　普遍原理とは，人間が生まれながらにして頭の中に持っている，言葉を生み出すための規則や原理の集合のことです。すると，「生まれながらにそれらの原理を持っているなら，人は生まれてすぐ言葉を話せるはずではないか」と思われるかもしれません。ややこしいのですが，普遍原理は私たちが学校で習うようないわゆる「文法規則」ではありません。そうではなく，その文法を生み出すもととなるもののことです。つまり，人が生まれながらに持っているのは将来文法になるはずのものの卵のようなものな

図2-1　普遍文法の構成要素

のです。

　私はこの話しをするときいつも「きんかん」を思い浮かべます（かんきつ類の金柑ではなくて，鶏の臓物のほうです）。きんかんは卵として生み出される前の，親鶏のお腹の中にある成長途中の部位のことです。きんかんには殻や黄身，白身の区別もありませんが，それが完成すると卵として生み出されます。普遍原理も同様で，そのままでは外の世界で通用しませんが，それがなければ文法規則を身につけることができません。

　言語を統制している普遍原理はすべての言語に共通している，とチョムスキーは考えました。人間は世界のどこに生まれ落ちたとしても周囲で話されている言葉を習得し，それが母語となります。この本の読者は日本語が母語の方が多いと思いますが，もしスペインに生まれていたらおそらく母語はスペイン語になっていたことでしょう。これが可能なのは，言語の原理は個別言語（日本語やスペイン語などの1つ1つの言語）ごとに存在するのではなく，普遍的なものだからです（そのためこの原理の集合は普遍原理と呼ばれます）。

　ただし，実際に個別言語を習得するときには，各言語へのパラメータがセットされます。つまり，人間は普遍文法を頭の中に持って生まれ，生まれてからの環境によって個別言語のパラメータがセットされて初めて，個別言語の文法が習得されます（図2-2）。

　ここでチョムスキーは「言語習得装置(Language Acquisition Device)」の存在を仮定しています。この装置には普遍原理が含まれ，この装置が作動することでパラメータがセットされます。こうして個別の言語が母語として習得されるのです。

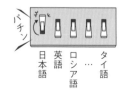

図2-2　パラメータのイメージ

1.5　言語習得における刺激の貧困

　重要なのは，チョムスキーが普遍文法は「生まれながらに」人間の頭の中に存在する，と強調している点です。人間はなんらかの能力や性質を「生まれながらに」持っている，という考え方を「生得主義(Nativism)」といいます。生得主義は言語学に限らず，政治学や心理学でも使われる考え方ですが，いずれにしても「生まれながらに」という点がポイントです。チョムスキーは人間ならば「生まれながらに」誰でも普遍文法を持って生まれてくるので，子ども

が誰かに教えられなくてもそのうち自然に歩くようになるのと同様，文法規則も自然に習得するのだ，と考えました。

これはつまり，言語を習得するのに環境はそれほど重要ではない，ということです。確かに子どもは（なんらかの障害がある場合などを除き）1人1人異なる環境に身を置いているにも関わらず，誰もが特に苦労することもなく時期が来れば言葉を話すようになるようにも見えます。親から熱心に話しかけられる子もいれば，そうでない子もいるはずです。したがって特別な教育がなくても簡単に母語を習得するではないか，とチョムスキーは考えました。

しかも，前述の通り子どもが聞いている言葉には多くの間違いや不完全な文が含まれています。言葉というのは非常に複雑で難しいものなのに，どうして不完全な言葉を聞いていても言語の習得が可能かというと，普遍文法を持って生まれてくるからです。

逆にいえば普遍文法さえあれば，たとえ周囲の大人による言葉の刺激が少なく不完全な環境であってもすぐにパラメータがセットされ，母語が習得されるのです。この「言葉の刺激が乏しくて不完全」な状態をチョムスキーは「刺激の貧困（poverty of the stimulus）」と呼びました。刺激が貧困であっても人間が言語を習得できるということは，普遍文法の存在を想定するしかない，とこの点を普遍文法の1つの論拠としました。

❖第1節のポイント

- ✓ 母語習得については，生得的言語習得観と創発的言語習得観というまったく異なる理論が存在する。
- ✓ チョムスキーの理論は行動主義への批判から生まれた。
- ✓ チョムスキーは，人間は生まれながらに普遍文法を持っているから言語が習得できると主張した。また，普遍文法があれば言語刺激が乏しくとも言語が習得できると考えた。

2 トマセロの言語習得理論

2.1 チョムスキーに対するトマセロの批判

チョムスキーは言語学者です。言語学というのは人文科学であって，分析す

る対象は「人」ではなく「言語」です。ですから，チョムスキーは子どもの言語習得について理論を提唱する際に実際に子どもを観察したわけではありません。彼の理論はあくまで「理論的にはこのように考えざるをえない」と理詰めに考えて編み出されました。チョムスキーの理論は言語の理論として美しく，画期的で，多くの言語学者に影響を与えてきました。

これに対し，創発主義の立場に立つトマセロは心理学者です。トマセロは徹底的に子どもを観察し，データを積み上げ，理論を作っていきました。2人は同じように子どもの言語習得をテーマとしているものの，立場もアプローチも研究目的さえまったく異なるので，議論が噛み合うはずがない，と私は思います。しかし，実際には現在も生得的言語主義者と創発的言語主義者はあちこちで議論を戦わせています。

トマセロ自身はチョムスキーの理論について，大雑把にいえば以下の二点を批判しています。

(1) 子どもが受けるインプットは多い

子どもは「刺激の貧困」にも関わらず容易に言葉を習得する，とチョムスキーは主張しましたが，実際に子どもを観察すれば「刺激の貧困」どころか言語を習得するまでに大量のインプットに長時間さらされている，とトマセロは指摘しました。

みなさんは子どもが言語を習得するのは大体何歳ごろか知っていますか？チョムスキーの理論では子どもはあっという間に言語を習得するような錯覚を覚えますが，実は子どもの中で母語の完成を見るのは4歳ごろだといわれています（個人差はあります）。子どもの生育環境はさまざまでしょうが，少なく見積もって子どもが1日に12時間程度起きていて言葉を聞いたり途中からは使ったりするのが4年間続かないと言語は習得されないわけです。これははたして「刺激の貧困」と呼べるレベルでしょうか。そうではないだろう，むしろ子どもは豊かな言語環境に長期間さらされないと言語を習得できないと考えるべきだろう，とトマセロは主張しました。

(2) チョムスキーの理論は恣意的すぎる

人は生まれながらにして脳内に言語習得装置を持っている，とチョムスキーは仮定しました。しかしそれについてトマセロは，脳内に言語の装置が存在す

ると仮定するのは恣意的すぎる，と批判しました。人間の子どもは成長の過程でさまざまなことができるようになります。言葉を話すだけでなく，二足歩行をしたり，手を器用に使ってスプーンや箸などの道具を使って食事をしたり，論理的な思考をしたり，と人間に特有の様々な能力を身につけていきます。そういった能力を差し置いて言語だけを生まれつき備わったものとして特別扱いするのは不自然ではないか，という批判です。

　この点については注意が必要です。チョムスキーは実際に「言語だけが特別だ」と主張したかったわけではありません。人間が持つさまざまな能力と同様，言語に特化した能力（装置）があると考えていただけで，「言語だけに装置がある」といいたかったのではないと思います。ただ，チョムスキーの関心は「言語」に絞られていたので，言語の装置がある，と主張したにすぎません。

　それでも，言語習得装置の存在を前提に理論を作っていったのは確かです。ということは，人間の脳内に言語習得装置があるということを証明しないまま理論を構築するということですから，これは確かに砂上の楼閣といった趣もあります。トマセロは，チョムスキーが仮定したような言語に限った装置はもとから存在せず，他の能力と同様に言葉も人間に備わっている一般的な認知能力を通じて習得されるのだ，と主張しました。

2.2　トマセロの言語習得理論の特徴

　トマセロはこのようにチョムスキーを批判し，「用法基盤モデル（usage-based model）」という言語習得理論を提唱しました。

　この用法基盤モデルの特徴はなんといっても「言葉は社会におけるコミュニケーションなしに発達しない」という考え方です。チョムスキーが提唱した原理とパラメータのアプローチでは，言葉の習得に最重要とされるのは人が持って生まれる普遍文法です。それさえ持っていればほとんど自動的に言語は習得されると考えます。それに対して，用法基盤モデルでは子どもが行う他者とのコミュニケーションこそが言語習得のカギです。人間に生まれたから自動的に言語が習得されるのではなく，生まれた後に経験する人と人とのやりとりこそが言葉の習得に最重要だと考えます。

　後述するように，トマセロも人間が言葉を習得するためには人間に固有の能力が必要だとしています。ただし，その能力は「言語」だけに限定された普遍文法のような能力ではなく，人間が獲得していく他のさまざまな能力や技術に

も必要となるような応用範囲の広い能力だと考えました。

　また，用法基盤モデルの考え方の裏には，コミュニケーションのために必要だからこそ人は言葉を身につけ，使用するという考えがあります。例えば私が昨日面白い体験をしてそれをぜひとも友人に教えて笑ってほしいと思ったとします。そのとき，昨日の体験はすでに終わったことなので，現在の出来事とは区別して過去形を使って説明しなければいけません。そうしないと聞き手は混乱して面白さを理解することができないからです。そうして過去形を使う必要性が生じます。あるいは「もし私が総理大臣だったら」という話を家族とするとします。もちろん私は総理大臣ではありませんから，仮定法を使わなければ「この人はどうかしてしまったのかもしれない」と思われてしまいます。

　このように，用法基盤モデルでは言葉を持っているから人は言葉を使うのではなく，コミュニケーションしたいという思いがまずあり，それを実現するために言葉が生まれたのだと考えます。つまり，「言葉ありき」ではなく「コミュニケーションありき」なのです。

2.3　コミュニケーションの大切さを示す研究

　トマセロが主張するように，コミュニケーションなしに言葉は習得されない，ということを示す研究があります。これはNHKスペシャルで放映された『赤ちゃん――成長の不思議な道のり』（2007年）でも紹介されています。脳科学者のパトリシア・クール（Patricia Kuhl）が行った実験で，英語以外の言語を聞いたことのない生後9カ月の赤ちゃんに，1人の中国人女性がオモチャを使いながら中国語で話しかけるビデオを数週間に渡り何度も見せました。その後，どれくらい中国語を聞き分けられるようになったかを調べたところ，ほとんど効果がありませんでした。

　そこで今度はビデオに登場した女性に実際に赤ちゃんの目の前でビデオでしたこととまったく同じことをしてもらいました。すると驚いたことに，赤ちゃんの中国語の聞き分けに効果が現れたのです。この実験は，たとえ言葉がまだ話せない赤ちゃんであろうとも（あるいは赤ちゃんだからこそ），コミュニケーションなしには言葉は習得されないことを示しています。

　同様の結果を示す研究は他にもあります。発達心理学者のジャクリン・サックス（Jacqueline Sachs）と同僚たちは耳の不自由な両親のもとに生まれた子どもの言語習得の研究をしました（Sachs, Bard, & Johnson, 1981）。この子の名前

はジム君といいます。ジム君とその弟は主に母親に育てられました（父親は育児に参加しなかったそうです）。ジム君のお母さんは子どもたちに対して手話を使いませんでした。お母さんは手話しか使いませんから、これはつまりジム君にまったく話しかけなかったのと同じです。両親から話しかけられる代わりにジム君たちはしょっちゅうテレビを観ていました。テレビの中で人々は音声で会話をしているのだから、それを観ていれば耳の聞こえるジム君は普通に言語を習得するに違いない、とお母さんは考えたのです。

ところがジム君はほとんど言語を習得しませんでした。お母さんがジム君に手話で話しかけていたらジム君は立派に手話を操り、母語は手話になっていたかもしれません。しかしテレビばかり観ていたジム君は年相応の言語を持たない状態になっていたのです。2歳半くらいになって初めてジム君はいくつか単語を発するようになりましたが、ほとんどは"Kool-Aid"（溶かすとジュースになる粉末の商品名）などテレビコマーシャルの言葉だったそうです。

お母さんはサックスらに「どうしてジム君に手話で話しかけなかったのですか？」と聞かれたとき、びっくりした顔をして「だって彼は耳が聞こえるんですよ？」と言ったそうです。時代背景もあり、耳の聞こえる子どもに手話で話しかける、という考えを思いつくことさえなかったのです。

ジム君の救いは、言葉以外の面でお母さんに大事に育てられたこと、そして比較的早い段階（3歳9カ月）で言語に関する療育を受け始めたことでした。療育を受け始めたジム君は3カ月ほどでその年ごろの子どもの話し方を身につけ始め、それから研究が終わった9歳11カ月の時点ではほとんど普通の子どもと同じように話せるようになっていました。学校の成績も良かったそうです。

ジム君の話は、お母さんの気持ちを考えると大変切ないですが、やはり言語習得におけるコミュニケーションの重要性を示しています。ジム君とは深刻度がまったく違うものの、私は似たようなことを日本の早期英語教育についてよく耳にします。近年の日本では早期英語ブームといえるほど、自分の子どもには英語を話せるようになってほしいと願う親御さんが増えました。自分は英語が話せなくて不便だったり悔しい思いをしたからせめて子どもにだけは、という親心です。

これはある学生から聞いた話ですが、彼女の友人は自分の子どものためにある有名なキャラクターの英語教育用CDを買ってきてそれを1日中流していた

そうです。すると子どもは自分が教えていないのに、「赤」のことを"red"と言うようになったと喜んでいたそうです。確かに教えてもいないのに子どもが英単語を発音できたのは嬉しいことかもしれません。しかし、この子はその後英語を自動的に話すようになるでしょうか？私は英語教育用CDだけではそううまくいかないのではないかと思います。なぜなら、1つの英単語を覚えることと、言葉で人とコミュニケーションするのはまったく次元の異なる話だからです。

❖第2節のポイント

> ✓ トマセロはチョムスキーの言語習得理論を批判した。
> ✓ トマセロは言語習得にはコミュニケーションが不可欠だと考えた。
> ✓ いくつかの研究ではコミュニケーションがないと言葉は習得されないことが示されている。

3 トマセロが考える言語習得の前提・1—他者の意図を読む能力

コミュニケーションなしでは言葉は習得されないことを示す研究は、トマセロの理論を支持しているように思われます。ではトマセロは人間のどんな能力が言葉の習得に必要だと考えたのでしょうか。

トマセロが言語習得の前提として重要だと考えた能力は「他者の意図を読む力」と「パタン認識能力」です。チョムスキーが提唱したような言語に特化した特殊な脳内装置とはまったく違うことがわかります。この節ではまず他者の意図を読む能力について考えてみましょう。

他者の意図を読む能力とは一体なんでしょうか。実は他者の意図を読むために人間はさまざまな力を駆使しています。中でも重要な力が「共同注意」と「心の理論」です。順番に説明していきます。

3.1 指さしと共同注意

人間にしか行えない行為の1つに「指さし」があります。ご存じのように、「あれ」などといってその指すものを指先で示すことです。指さしなんてできて当たり前ではないか、と思われるかもしれませんが、実は人間の赤ちゃんで

も生まれたときから指さしができるわけではないのです。個人差はありますが，通常は生後10カ月から11カ月ごろから指さしをするようになります。

指さしという行為は単純に見えて，重要な意味があります。それは，指さしによって他人と自分とで同じ対象に注意を向ける，すなわち「共同注意（joint attention）」を行っているという点です。言葉を話すときにはこの共同注意が不可欠です。

もし共同注意が成立しなかったらどうなるでしょうか。以下の会話は実際にあった笑い話として紹介されていた話です。

＊

　1月の昼下がり，東京駅内のカフェで2人の老婦人が会話をしていた。2人はおそらく姉妹で，久々の再会を楽しんでいる様子。これから新幹線で帰宅するAさんを，東京近郊に住んでいるBさんが駅まで見送りに来たらしい。

B：来月，伊豆に行くのよ，伊豆に…。洋子（たぶん娘）たちとね。
A：ディズニー？
B：そう。1泊2日でね。
A：泊まるの⁉　お宅からなら近いでしょ。
B：近いっていっても。ハナちゃん（たぶん孫）もまだ小さいし。のんびりしたいもの。
A：あぁ，そうなの？　いやぁ，近いのに，7人でお泊まりなんて。なんだか贅沢だわ。
B：いいのよ，たまには。近所の人たちも，みんなそうしているわよ！
A：すごいのねぇ。ま，洋子ちゃんもいい気分転換になるでしょうね。
B：そうよぉ。梅も見頃だしね，ちょうどいいわ。
A：へぇ，梅も名所なの？　知らなかったわ〜。
B：有名よぉ！

＊

この会話では，Aさんが「伊豆に」を「ディズニー」と聞き間違え，話の中で言及する内容が2人の間で食い違っています。ここではたまたま会話が進行してしまっていますが，通常はどこかで会話が成立しなくなってしまうはずです。

大人は指さしをしなくても共同注意ができますが（もっとも指さしができる話題のほうが少ないでしょうが），共同注意を習得し始めた子どもがまず身につけるのが指さしなのです。しかも，私の観察では，指さしというしぐさをするようになってからマスターするのにしばらく時間がかかるようです。

私の子どもが指さしらしき動作をするようになったのは 11 カ月ごろでした。しかし最初は試しにやってみるといった風情で，でたらめに指さしをしていました。どうやら指さしをすると親がそれに注目すること自体が面白かったようです。そのうち，抱っこをしているとしきりに指さしをして何かを要求するようになりました。あるとき，指さしをするので何を指したのかな？と確かめようとしたら，子どももまだ自分でもわかっていなかったことがありました。指さしをすると私が何かを取ってくれることは理解していたので，指さしをしておいて後から取ってもらうモノを考える，といった様子でした。ですから，このときはまだ指さしの意味を完全には理解していなかったのだと思います。

以前授業でこの指さしの話をしたときに，「先生，動物も指さしをすると思います」と発言した受講生がいました。テレビ番組で，チンパンジーが指さししているのを見た，というのです。ですから，人間の身ぶりのまねをすることで，指さしという動作自体を行う動物もいるのかもしれません。この発言に対して他の受講生が「もし動物が自分の子どもに指さしを教えることができたら，動物も指さしができると思います」と発言し，なるほどと考えさせられました。おそらく人間は言葉でのコミュニケーションには共同注意が必要だと無意識にわかっていて，親は子どもに指さしを教えるのかもしれません。あるいは親が無意識に行う指さしを子どもが見て勝手に覚えてしまうのかもしれませんが。

3.2　心の理論

共同注意からさらに一歩進んで，「心の理論（theory of mind）」という能力も人間は身につけます。心の理論の説明にはスマーティ課題という実験の話をするとわかりやすいので紹介します。

*

スマーティ課題

これは子どもを対象にした実験です。まず，前もって子どもから見えないところでケーキの箱の中に鉛筆を入れて蓋を閉じておきます。ここで子どもを実

験室に入れます。
1. 子どもに「この箱の中には何が入っていると思う？」と聞きます。すると子どもは「ケーキ」と答えるはずです。
2. 次に箱を開けて中に鉛筆が入っているところを見せ（図2-3）、「ケーキじゃなくて鉛筆が入っていたね」と伝えます。それからまた元のように蓋をして鉛筆が見えないようにします。
3. その上で「この箱を太郎ちゃん（この場にはいない子どもの友達）が見たら何が入っていると言うかな？」とたずねます。

図2-3

*

この実験を行うと子どもはなんと答えるでしょうか。大人は当然「ケーキ」と答えるでしょう。しかし小さい子どもは「鉛筆」と答えてしまいます。なぜなら、まだ「他人（太郎ちゃん）の思考について想像する能力」すなわち心の理論を習得していないからです。この心の理論が習得されるのは大体4歳ごろといわれています。しかし、例えば自閉症などの疾患を抱えている子どもはこの能力の習得が難しく、症状によっては習得に時間がかかるそうです。

心の理論も言語の習得に不可欠です。なぜなら、他人の思考を想像できなければ言語によるコミュニケーションが大変困難になるからです。これは少し考えてみるとすぐ納得できます。例えば、加藤さんと田中さんの2人が同じ部屋の中で仕事をしているとすると、次の会話例1は自然な会話でしょう。

会話例1

加藤さん：「暑いねぇ」
田中さん：（加藤さんは室温が高いといっているのかな？と想像し）「エアコンの温度設定を下げましょうか？」
加藤さん：（田中さんがエアコンの設定温度を下げようとしていると想像し）「すみませんねぇ、私暑がりなんですよ。」
田中さん：（加藤さんは温度を下げてほしいと思っているけれど、そのことについて申し訳なく思っていると想像し）「気にしないでください。私もちょっと暑いかなと思っていたので」
［田中さんはエアコンの温度を下げるなどの行動をとる。］

下線を引いた箇所が他人の思考を想像している箇所です。私たちはこんなことをごく自然に行っているのです。しかし、もし心の理論を持っていないと会話例2のような会話になってしまうかもしれません。

> 会話例2

加藤さん:「暑いですねぇ」
田中さん:「そうですか？それほど暑くないと思います。」
加藤さん:「エアコンの設定温度を下げてもいいですか？」
田中さん:「その必要はありません。」
　［そして険悪な雰囲気になる。］

　このように、心の理論がないと相手の思考が読めないので、コミュニケーションがうまくいきません。ここまでひどくはなくとも、他者とのコミュニケーションが苦手な人、あるいは悪気はないのに人を不快な気持ちにさせてしまう人は、もしかすると「これを言ったら相手の人はどう思うかな？」と思いをめぐらすのが苦手なのかもしれません。
　例えば会話例2で、田中さんがエアコンの設定温度を変えたくないと思っている場合でも、加藤さんの気持ちを想像しながら説明をすれば険悪な雰囲気になるのを防げたかもしれません。例えば、「申し訳ないのですが、私はエアコンが苦手で、これ以上設定温度を下げると具合が悪くなってしまうのです。ですから温度はこのままにして扇風機を回してもいいですか？」というように。
　他者の意図を読む能力は非常に高度な能力で、人間の中にも苦手な人がいるくらいですから、動物に身につけられるとは想像しにくいとされています。

❖第3節のポイント

- ✓ トマセロが言語習得の前提として必要だと考えた能力の1つが、他者の意図を読む能力である。
- ✓ 他者の意図を読むためには、共同注意や心の理論などの能力が必要である。

4 トマセロが考える言語習得の前提・2—パタン認識能力

 他者の意図を読む能力と並び，言語の習得に必要だとトマセロが考えたもう1つの能力はパタン認識能力です。人間はこの能力がずば抜けて優れていて，世の中のありとあらゆるところ，あらゆるレベルでこの力を発揮しています。
 例えば，最近でこそ機械化が進んでいますが，昔は郵便局での手紙の仕分けはすべて人間が行っていました。手書き文字の認識は機械には非常に難しかったからです。みんなが美しいお手本のような字で宛名を書けば機械による仕分けは簡単かもしれませんが，現実はそうではありません。さまざまな字の癖を持つ人が大きな字や小さな字，ゆがんだ字や細い字で宛名を書きます。しかし不思議なことに（あまりに字が汚くて判読不可能でない限り）私たちは手書きの字を簡単に認識することができます。これは私たちがたくさんの文字を見た経験に基づき，字のパタンを読みとっているからだと考えられます。
 パタンの認識は言語習得のさまざまな面で重要な役割をはたします。ここでは「音のパタン認識」と「モノと言葉を結びつけるパタン認識」について考えてみます。

4.1 音のパタン認識

 音のパタンを抽出する能力は人間が言葉を習得するために不可欠です。例えば，子どもが「ワンワン」という語を習得することを考えてみましょう。まず，たくさん話されている言葉の中から「ワンワン」という音のパタンを抽出する必要があります。もし親が犬を見かけるたびに「ワンワンだね」と言っていたとしても，子どもは犬のことを「ワンワンダネ」という名前だと認識しないでしょう。「〜だね」という言い方を他で聞いて「だね」はモノの名前の一部ではないと学ぶでしょうし，たまに親が「あ，ワンワンだ」と違うフレーズを使えば，「ワンワン」という音のパタンを抽出できます。
 子どもは音のパタンに意外に敏感だと思ったエピソードがあります。私の子どもがまだ自分では言葉を話せなかったときのことです。子どもは「鼻の穴」が好きでした。自分の鼻の穴よりも私の鼻の穴のほうが面白かったらしく，よくそこに指を入れようとして私に嫌がられていました。ある日子ども用のお皿で食事をさせていた時，食べ物がなくなったところからお皿に描かれたお花の絵が現れてきました。そこで私がそれを指さしながら「お花だね」というと，

子どもは私の鼻の穴に指を入れようとしたのです。これは,「鼻」と「花」に共通する「ハナ」という音のパタンを認識していた例です。

4.2 モノと言葉を結びつけるパタン認識

言葉の習得に必要なのは音のパタン抽出だけではありません。さらに重要なのは,音で覚えた言葉と指示対象やカテゴリーあるいは動作が結びつくパタンを学習することです。人間の赤ちゃんは他者とのコミュニケーションを通じて,他者の意図を読みながら,この能力を身につけていきます。

赤ちゃんは,そもそも言葉が記号として使われていることを理解する必要があります。有名なのがヘレン・ケラーの水の話です。盲聾唖だったヘレンは6歳のときに家庭教師のアン・サリバン先生と一緒に暮らすようになり,サリバン先生から指文字を習いました。習い始めてすぐにヘレンは先生から何かモノを渡されるとそれを指で綴れるようになったといいます。例えばカップを渡されたら"cup"と指で綴るなどです。ただ,その"cup"という文字の並びが「カップ」を意味するとは理解できていませんでした。ところがある日先生が井戸の水をくみ上げながらヘレンの手に"water"と綴ったとき,ヘレンは突如として"water"はこの手にかかる「水」なのだ,と気づいたのです。

サリバン先生は指文字を教え,言葉を使うとはどういうことかを一生懸命伝えようとし,ヘレンは先生とのやりとりの中で言葉の本質に気づいたわけです。先生の意図をくみ取り,言葉とモノの結びつきのパタンを発見できたからこそヘレンは言葉を習得できました。言葉とモノの結びつきに気づいたとき,ヘレンはこれまでにない明るい表情をしたといいます。

もしかしたらヘレンはこんな表情をしたのかな?と思わせるような表情を私の子どももしたことがあります。子どもにベビーサインを教えたときのことです。「ベビーサイン」とはまだ言葉の発音ができない赤ちゃんにもできる,手話を簡単にしたようなサインのことです。友人がベビーサインを子どもに教えて楽しかったと言っていたので,私も半信半疑ながらやってみました。最初にしたのは「おっぱい」というサインです(片手を牛の乳しぼりのような感じにニギニギと開いたり閉じたりします)。教え方は簡単で,「おっぱい飲もうか?」などといいながらサインをするだけです。

子どもは最初私がサインをすると面白がってニギニギとまねをするだけでした。しかし何度も繰り返していたらあるとき突然それが「おっぱい」を意味す

るのだと気づいたようです。そのとき子どもの顔が「ひらめいたぞ！」という感じにぱーっと明るくなりました。その直後からおっぱいが欲しいときはそのサインをするようになりました。子どもが実際の単語を発音したのはもっと後になってからですが、「言葉」という記号に気づいたのはこのときだったのではないかと私は思います。

　こうして言葉とモノが結びついているのだと理解した後も、人間の子どもは細かいパタンを発見していく必要があります。例えば、子どもが初めて発した言葉の1つは「ワンワン」だったのですが、その後猫を見かけても「ワンワン」、テレビで鶏が出てきたときも亀が出てきたときも「ワンワン」と言っていました。つまり小さい生き物はすべて「ワンワン」だったわけです。しかしそのうち徐々に動物を区別し、「ワンワン」というカテゴリーを正しく理解するようになります。

　その過程において相手とのやりとりを通じて言葉の意味を明確化するようなコミュニケーション能力が必要だということは明らかでしょう。相手の思考を読み、状況を理解し、そしてパタンを発見していく。これがトマセロの考えた言語の習得に必須の能力であり、言葉がコミュニケーションを通じてしか習得されない理由でもあります。

❖第4節のポイント

- ✓ トマセロが言語習得の前提として必要だと考えたもう1つの能力が、パタン認識能力である。
- ✓ パタン認識能力には音のパタンを認識して単語のつらなりを判別したりする能力や、言葉とモノの結びつき方のパタンを認識し、言葉が何を指しているかを理解する能力がある。

5　チョムスキーとトマセロのどちらが正しいのか

　さて、ここまで子どもの言語習得に関するチョムスキーとトマセロの考えを見てきましたが、結局どちらが正しいのでしょうか？そもそもトマセロはチョムスキーの理論を批判しましたが、チョムスキーはそんなことは歯牙にもかけず、わが道をまい進しています。おそらくチョムスキーにとってはどちらが正

しいかなどどうでもよいことでしょう。

　チョムスキーもトマセロも「人間に固有の能力が存在する」ということは認めています。両者の違いは，「単に興味の焦点が違う」ということに尽きます。チョムスキーは現実の言語習得の過程において影響を与えるさまざまな要因には興味がなく，むしろ人間が作り出した言語というものの構造を分析することによって，人間の真理に迫りたかったのだと思います。「言語構造」を研究対象とするので，例えば「言い間違い」や「文脈」などは雑音として無視してしまいます。

　トマセロは逆に子どもの心理や発達全般に興味があり，その中の興味深い研究対象として「言葉の習得」に着目したのだと思われます。ですからトマセロにとっては子どもが言葉を使う際の指さし等の「しぐさ」までもが注目に値したのです。

　つまり，「どちらが正しいのか？」という問いのたて方自体に問題があり，それを議論することにはあまり意味がない，ということになります。私たちが考えるべきことは，どちらの立場も理解した上で，「では自分にとってはどちらがしっくりくるか，共感できるか，役に立つか」ということだと思います。そして自分がどの立場でものを考え，主張をするのかについて意識的になることが重要です。

　著者らは本書においてトマセロの創発的言語習得観の立場をとり，この後の議論を進めていきます。なぜなら，単純に「なんだかそっちのほうが面白そうだと思ったから」です。ちなみに現在 SLA 分野の代表的な研究者であるローデス・オルテガ（Lourdes Ortega）は著書の中で以下のように述べています。

　　「どれだけ長い時間がかかっても，SLA において創発的言語主義が発展していくことだけは確かだ，多くの他の分野でそうであるように。」

(Orgeta, 2009, p. 105, 著者訳)

　第1章で説明した通り第二言語の習得という現象は多面的で複雑なので，SLA で創発的言語主義が発展するのは自然なことであるように著者らも考えています。

❖第5節のポイント

✓ チョムスキーとトマセロのどちらが正しいかについて議論するよりも，両者を理解した上で研究対象となる事象の性質を解明するためにより適切な立場を選択することが重要である。

読書案内

○鈴木孝明，白畑知彦（2012）『ことばの習得——母語獲得と第二言語習得』くろしお出版
母語習得と第二言語習得についてそれぞれの専門家が紹介している他にあまりない本です。導入書としては少し難しいですが，2つの分野についてある程度詳しく知ることができます。

○今井むつみ（2013）『ことばの発達の謎を解く』ちくまプリマー新書
赤ちゃんが母語を習得する過程が多くの実例を用いてわかりやすく解説されています。言葉がどのように思考を形成するかなど深い内容についても書かれており，外国語の習得についても少し触れられています。

❖ディスカッション・ポイント

☐ 行動主義と用法基盤モデルには類似点と相違点があります。それぞれ挙げてみましょう。

☐ 言語習得に限らず，自分が日常生活で他者の意図を読む能力やパタン認識能力を活用していると思う例を挙げてみましょう。

第3章

母語と第二言語はどのように影響を与え合うのか
――転移とリテラシー

この章では，私たちの中の母語と第二言語がどのような関係にあるのかについて考えます。母語が第二言語の習得を邪魔したり，思いがけないところに影響してしまうこともあれば，第二言語を身につけることで人生で得をするような側面もあることを紹介します。

この本の読者の大半は日本語を母語としていて，さまざまなレベルで英語を使っているでしょう。私（馬場）の講義で「自分の中の日本語と英語はどんな関係にあると思いますか？」と質問したとき，以下のような回答がありました。

- 「日本語には時制がないから英語で時制を使うのが苦手です。」
- 「私の中では英語と日本語はまったく別物です。日本語モードと英語モードがあって交わっていないと思います。日本語を使っているときは日本語で考えるし，英語を使っているときは英語で考えます。」
- 「英語でエッセイなどを書くのは日本語より時間がかかるし大変です。でも，英語だとじっくり時間をかけて書くので，自分はこんな風に考えていたのか！と改めて発見することがあって，それは良いことだと思います。」

これらの発言からわかるように，母語と第二言語の間にはさまざまな関係性がありそうです。この章では母語が第二言語を習得する際に影響を与えることがあること，そして第二言語を身につけることで人生にもプラスに働く可能性がある，という話を紹介します。

1 母語が第二言語に与える影響

1.1 負の転移

母語がすでにあるために第二言語を習得する際になんらかの影響が出ることを「転移（transfer）」といいます。第二言語から母語へ影響を与えるという逆

方向の影響も転移と呼ばれますが,ここでは母語から第二言語への転移に話を絞ります。

　転移にはプラスに働く「正の転移（positive transfer）」とマイナスに働く「負の転移（negative transfer）」があります。正の転移は,母語と第二言語の統語構造や発音が似ているために第二言語の習得が容易になるなどの影響を指します。

　例えば,ドイツ語を母語とする人が英語を第二言語として習得する場合を考えてみましょう。この2つの言語では文を作るとき,多少の違いはあるものの語の並べ方が共通しています。基本的には主語が最初に来て次に述語があり,目的語がくる,という語順です。また,ドイツ語と英語では似たような単語がたくさんあります。例えばドイツ語で「父」は"vater"で,読み方は「ファーター」です。これは英語の"father"「ファーザー」に非常に似ています。

　これらのことは,英語とドイツ語が同じゲルマン語族に属していて親戚のような関係にあるために起きています。すると,ドイツ語母語話者が英語を習得するときにはさまざまな正の転移の恩恵を受けることが想像できます。単語を覚えるのも容易ならば,発音も似ている,アルファベットもほぼ同じなのでわかりやすいでしょう。

　ところが日本語は違います。日本語は英語からかけ離れていますので,英語学習についてはマイナスの影響（すなわち負の転移）が語られることが多くあります。なにしろ漢字やひらがな,片仮名を使っている日本人はアルファベットを覚えるだけでも一苦労ですし,語の並べ方もまったく違う,発音は似ても似つかない,となれば表面的な意味で日本語を母語とすることが英語習得にプラスに働くとは考えにくいでしょう。

　逆に,日本語が母語であるために英語習得に苦労したという話は枚挙にいとまがありません。この章のはじめに挙げた,時制が難しい,という感想もそうですし,英語の発音が日本語風になってしまうという話もよく聞きます。

　私も英語の「ア」の発音をとっさになかなかうまく区別できなかったことがあります。私はサルサというダンスを少しだけ習っていたことがあります。カナダに住んでいたとき,その話を友人にしようとして,"I'm learning salsa.（発音はほぼ日本語の「サルサ」)" といってみたのですが,通じませんでした。それで「ラテン系のダンスで,ペアで踊って…」といろいろ説明したところ,彼女が"Ah, you mean salsa." というようなことをいいました。そのときの彼女の

発音のポイントは salsa の［ɑː］で，日本語に無理やり直せば「ソールサ」に聞こえる音でした。私の「サルサ」は完全に日本語の負の転移だったわけです。

また，負の転移には発音や文法のエラー以外に「回避（avoidance）」という現象も含まれます。回避とは，なんらかの文法項目や語彙などを本来なら使うべき場面でも苦手なので避ける，という現象です。

例えば，Schachter（1974）は関係詞のエラーを調査しました。中国語や日本語には関係詞が存在しません。しかし，中国人や日本人の英語学習者は関係詞のエラーが少なかったのです。その理由は，彼らが関係詞を使うのを避けていたことにありました。一方，母語に関係詞のあるペルー人やアラビア人の英語学習者は関係詞を中国人や日本人の2倍以上使っていたため，エラー自体も多かった，ということが明らかになりました。この場合，間違えてもいいから積極的に関係詞を使っていくほうがよいともいえるため，中国人や日本人には結果的に負の転移が起きていたといえます。

1.2 対照分析仮説

負の転移に関する極端な仮説が提唱されたこともあります。それが1950年代から1960年代に流行った「対照分析仮説（Contrastive Analysis Hypothesis）」です。この仮説は，「第二言語におけるすべてのエラーは母語からの負の転移なので，母語と第二言語の違いを調べればある特定の母語を持つ学習者がどんなエラーをするかを予測できる」と主張しました。しかしその後の研究で母語に起因するようなエラーはむしろ割合としては少なく，多くは母語と関係なく発達過程に見られるエラーであることがわかってきました。

例えば，英語とフランス語は文を作るときの語順が似ていますが，代名詞の位置が違うことがあります。英語では

The dog eats the cookie. The dog eats it.
（犬がクッキーを食べる。犬はそれを食べる。）

のようにいつも目的語は述語の後に置かれます。上の英文をフランス語にすると以下のようになります。

Le chien mange le biscuit. Le chien le mange.
［この場合，2文目の mange の前の le が英語の it にあたる。］

つまりフランス語では代名詞に限り，le という目的語が mange（食べる）という述語の前に置かれるわけです。そこで，もし対照分析仮説が正しいとすると，英語母語話者はフランス語を第二言語として学習する場合，

　(a) Le chien mange le.

といったエラーを犯すでしょうし，逆にフランス語母語話者が英語を第二言語として学習する場合は，

　(b) The dog it eats.

というエラーを犯すことになります。

　ところが，英語母語話者がフランス語を習得する場合 (a) のようなエラーを犯すことがよくあるのに対し，フランス語母語話者が英語を習得するときは (b) のようなエラーは犯さないことが明らかになっています。ですから，対照分析仮説は全面的に正しいわけではありません。

　ところで，(a) のようなエラーは起きるのになぜ (b) のようなエラーは起きないのでしょうか。考えられる理由としては，英語には (b) のような目的語が述語に先行する文は存在しないことが挙げられます。母語が何語であろうとも，英語で見たことのない語順にするのは不自然なので，そういったエラーは起きにくいわけです。

　一方，フランス語では常に目的語が述語に先行するわけではなく，代名詞以外は英語と同様に目的語は述語の後に置かれます（Le chien mange le biscuit. のように）。ですから，フランス語を第二言語として学ぶ学習者が代名詞をつい述語の後に置いてしまう，というのはよくわかります。実際私は第二外国語としてフランス語を勉強しましたが，(a) のエラーはよくやりました。つまり，このエラーは母語に関係なく起きると考えられます。

1.3　有標性と習得の難しさ

　第二言語でエラーをする原因として，「有標性（markedness）」という考え方もあります。これは少し曖昧さを含む概念で，厳密に定義はされていないのですが，考え方として興味深いので紹介します。有標性とは，相対的な複雑さや頻度を表します。有標性が高い項目ほどより複雑あるいは頻度が低いということです。そのため有標性が高い項目は習得が難しくなるといわれています。

有標性の考え方はさまざまなレベルに当てはめることができます。ここでは(1) 異なる言語間で複雑さを「相対的に」比較する，(2) 同一言語内で「相対的に」比べることを考えてみましょう。

　(1) のケースには例えば冠詞があります。日本語には冠詞がないのでそもそも冠詞の習得は困難です。ですから冠詞について比較する場合，当然英語と日本語では英語の有標性が高く，習得がより難しいことになります。さらに，例えばフランス語には英語の the にあたる冠詞が女性形と男性形の2種類に分かれる上，英語よりも高頻度に冠詞が付きます。すると相対的にフランス語の冠詞のほうが英語の冠詞よりも有標性が高く習得が難しい，ということになります。

　(2) については，例えば define (定義する) という英単語を学習するとします。define はもっともシンプルな形ですが，その派生語として，definable, defined, definition などさまざまな形が存在します。接頭語と接尾辞と両方付いた undefined という派生語もあります。このように，同一の言語内にも，define という1つの語について比較すると，派生語は構成要素が増え文字数も長くなるので，相対的に define よりも複雑で有標性が高くなります。よって define という語よりもその派生語のほうが習得が難しいと考えることもできます。

　この有標性の考え方を先ほどのフランス語と英語の語順のエラーにも当てはめてみましょう。"Le chien le mange." の語順は二重の意味で有標性が高いといえます。第一に，英語とフランス語を比較すれば，フランス語の「代名詞であるかどうかによって目的語の位置を変える」操作は，英語の「いつでも目的語は述語の後に置く」操作よりも複雑なので，有標性が高くなります。第二に，フランス語内で比較しても，目的語が述語より前に置かれるという語順はそうでない語順よりも頻度が低いので，有標性が高いといえます。ですから有標性の高い "Le chien le mange." の語順の習得のほうが "The dog eats it." よりも習得が難しく，(a) のエラーのほうが起こりやすいと考えられます。

❖第1節のポイント

- ✓ 第二言語を学ぶとき，すでにある母語のせいで発音や文法などの習得が難しくなってしまうことを負の転移という。
- ✓ 第二言語を使用するときに犯すエラーはすべて母語のせいだ，という対照分析仮説が提唱されたが，全面的には正しくない。
- ✓ 習得の難しさに影響する要因の1つとして有標性がある。

2　語用とコミュニケーションスタイルへの影響

　母語から第二言語への転移の話というと，これまでの話しのように特定の文法項目（仮定法や時制など）や語彙の習得に焦点が当てられることが多いのですが，実はもっと深い，あるいはもっと広いレベルで母語の影響が現れます。ここでは自分では気づきにくいけれども重大な影響を与えることの多い「情報構造への影響」と，「コミュニケーションの取り方への影響」を取り上げてみたいと思います。

2.1　情報構造への母語の影響

　「情報構造（information structure）」とは，文を作る際に情報をどのような順番で置くかを指します。当然のことながら1つの言語の中でも文脈によって情報構造は変わってきますが，ここでは話を単純化して説明します。
　英語と日本語では，この情報構造がかなり違います。英語は「主語優勢言語（subject prominent language）」といい，主な特徴は主語がはっきりしていることと，文を理解するときに語順が重要なことの2点です。つまり，英語の文には必ず主語があり（命令形を除く），ほとんどの場合文頭に置かれます（倒置文を除く）。英語の他にもスペイン語やアラビア語も主語優勢言語です。
　英語が主語優勢言語だということを示す面白い実験があります。英語母語話者である大人と2〜3歳くらいの子どもに"Box push boy"という文を聞かせて意味を問う実験です。そのくらいの年齢の子どもはまだ大人と同じように語順を手がかりに文を理解することができません。すると子どもはこの文を「男の子が箱を押している」と理解します。なぜなら子どもにとって文理解の手がかりは「生き物しか動作主体になれない」というものだからです。これに対し

て英語母語話者の大人はこの文を「(そんな状況があるのか疑問だと思いつつ)大きな箱が男の子を押している」と理解します。英語母語話者の大人にとっては語順が文理解のもっとも重要な手がかりとなるため，文頭にある語が必ず主語だ，と考えるからです（ライトバウン，スパダ，2014, p. 116)。

それに対して，日本語は「主題優勢言語（topic prominent language）」です。韓国語やソマリア語もこのグループに入ります。主題優勢言語では主語優勢言語と違って助詞を用いれば語順もかなり自由に変えられます。例えば，英語だと"Hanako likes Taro."という文を"Taro likes Hanako."とするとまったく意味が変わってしまいます。しかし日本語では助詞を用いるので「花子は太郎が好きです。」を「太郎が花子は好きです。」としても，ニュアンスの違いはあっても基本的な意味は同じです。

また，主題優勢言語では主語の省略も可能です。例えば「私はお酒が好きです。私は中でもビールが好きなんです。」の2文目はむしろ「中でもビールが好きなんです。」のように「私は」を付けないほうが自然です。

さらに，主題優勢言語では主語ではなくて主題（テーマ）が文の最初に来ることが多く，いわゆる総主文といわれるものが存在します。総主文とは，主語のように見えるものが実質的には主語ではない文のことです。例えば以下の文について考えてみましょう。

「魚は鯛がおいしい。」

この文は「魚」が主語のように見えますが，実質的な主語は「鯛」であり，「魚」は主題です。この文を英語にしてみるとよくわかります。

"Red snapper is the most delicious fish."

となるからです。

日本語らしい総主文を自分で作ってみる，という課題を授業でやると，大学生はさまざまにユニークな文を作ってくれます。例えば以下のような文です。

・今日は飲み会！
・お父さんは加齢臭がする。
・日本語は語順が重要ではない

1つ目の文は特に興味深いです。これを英語にも直訳できるような文に直そ

うとすと「私は今日飲み会に参加する。」とでもなるところですが，総主文である上に主語である「私」まで省略されていて，非常に日本語らしい文といえます。

　主語優勢言語と主題優勢言語の区別は学校の授業ではほとんど教わりません。おそらくそのせいもあり，自分の作る第二言語の情報構造が母語の影響を受けていることに気づくことが難しいのです。

　日本語では主題を最初に置くので，例えば「日本では今，火山噴火があちこちで起きている。」とか「今日は天気が悪い。」のように主題である場所や時間が文頭にくることがよくあります。すると英語で文を書くときにも"In Japan, ..."とか"Today, ..."のように文を始めてしまいます。私は普段大学生が書く英語の文章をチェックしていますが，日本語の情報構造そのままの文をよく目にするので，母語の影響は文法エラーよりも情報構造により顕著に出るのではないかといつも感じています。

　これは母語が何であっても同様で，ある受講生はアメリカに留学した際，アメリカ人の学生に日本語を教えてみた経験から次のような感想をくれました。

「アメリカの日本語教授法という授業で，場所を前に置く文（私の前に椅子があります）があったのですが，なかなか生徒がわかってくれなかったのは，主語ではないものが文頭に来ていたからなんだと思いました。」

　おそらく母語がなんであれ，母語と第二言語の情報構造が異なると母語の影響がかなり出てしまうのだと思われます。情報構造について知識がないと無意識に母語と同じ情報構造を使ってしまうのでなおさらです。もちろん，私自身わかっていても間違えるのですが，意識すると少しは母語と第二言語の情報構造を使い分けられるようになるのではないかと思います。

2.2　言語による語用論の違い

　情報構造への影響と同様，あまり意識されていないけれども（あるいはそのため余計に）母語の影響が強いのがコミュニケーションの取り方です。コミュニケーションというとあまりに漠然としていますが，具体的には何か人に依頼をしたり，謝罪をしたりするときの表現など，専門的には「語用論（pragmatics）」と呼ばれる領域に関する使い方が言語によって異なることがあ

ります。そのため，第二言語を使うときその能力のレベルとは関係なく，なんだかコミュニケーションがうまくいかないな，と感じたりします。これも母語の第二言語への影響といえるでしょう。

少し古いですが『英語のソーシャルスキル』（鶴田，ロシター，クルトン）という良書があります。この本の中に紹介されている話は目から鱗でした。人に何か依頼する際，より丁寧だと感じられる表現の仕方がなんと日本語と英語では違うというのです。例えば，日本語では以下の2つの表現はどちらが丁寧でしょうか？

(a)「その本を貸していただけませんか？」
(b)「その本をお借りしていいですか？」

この質問を授業ですると普通は多くの人が(a)だと答えます。では，英語では以下のうちどちらが丁寧でしょうか？

(a´) "Could you lend me the book?"
(b´) "Could I borrow the book?"

答えは(b´)です。ポイントは「誰の動作」について言及しているかにあります。日本語では自分のお願いによって相手の手を煩わせる場合，「そのことに言及することによって，自分がそれを認めていることを表現する」(p. 128)方が丁寧な表現です。そのため，(a)のように相手の「貸す」動作に言及して依頼するほうがより丁寧です。

一方，英語の場合はそのお願いを受け入れるかどうかについて相手に決定権を与えるほうが丁寧です。ですから実際に動くのは相手だったとしても「自分が」お借りしていいですか？と(b´)のように自分の動作について言及するほうがより丁寧なのです。

これはおそらく英語社会では文化的に，「個人の意志は尊重されるべき」という考え方があるためではないでしょうか。(a´)はよく使う表現なので依頼する相手や状況によっては失礼にはあたりません。しかし，このように相手の動作について言及することで依頼すると「他人に指図して個人の意志を尊重しない」と思われてしまうかもしれないため，(b´)のほうがより丁寧になります。

2.3 コミュニケーションの取り方への母語の影響

　語用論も含め，コミュニケーションの取り方が言語や文化によって異なるということは，情報構造の話と同様，日本の英語の授業ではあまり扱われません。そのため，実際に英語圏に行ってコミュニケーションをすると現地の人に意外な反応をされることがあります。

　例えば私がカナダで生活していたとき，ついつい"I'm sorry."を連発して気を悪くされたことがあります。日本語では人とすれ違うときなどにちょっと体が当たってしまっても「すみません」と言いますし，何か失敗をして人に迷惑をかけたときも「すみません」と言います。この場合，体が当たってしまったときに"I'm sorry."というのは英語では不適当で，"Excuse me."といわなければいけませんが，とっさに口をついて出るのは"I'm sorry."になってしまっていました。

　このくらいの間違いなら大きな問題はないのですが，私は日本人の悪い癖で"I'm sorry."を頻繁に使ってしまっていました（自覚はありませんでした）。するとカナダ人の友人に「あなたは謝りすぎだ。そんなに謝っていると，本当に謝るべきときに"I'm sorry."が軽く聞こえてしまう。そんなに軽々に使うもんじゃない。」と言われてしまいました。

　受講生の中にも，海外へ行ったときにコミュニケーションの取り方に日本と他文化では違いがあることに気づいた人がいました。

　「アメリカでご飯を頼むとき，手を挙げて（従業員の方を）呼んではいけない！パリも。特にパリは働いている人が優先だと思った。アメリカでは日本みたいに呼ぶのではなく，待つ文化だと知ってとてもびっくりした。」

　「アメリカに行ったとき，日本人は沈黙を受け入れたり，相手の意見にうなづいたりして流れていく場面もあるけど，アメリカではそれは自分に興味がないのだと思われて悲しくなるから必ず反応しなければいけない，と言われたことがあります。」

　どれも学校の授業では正式には教わりません（海外経験のある先生が個人的に教えてくれることはあるかもしれませんが）。しかし，情報構造と同様，あるいはそれ以上にコミュニケーションの取り方への母語と社会・文化的影響は強く，

大げさにいえば人生に与えるインパクトも大きくなります。

例えば，[r] や [l] の発音が多少正確でなくても，関係詞の使い方を多少間違えても「まあこの人の母語は英語じゃないから」と大目に見てもらえる可能性が高いでしょう。実際，少々の発音や文法のエラーなら意志疎通にあまり影響が出ないことがほとんどです。しかし，日本語文化における振る舞いを英語文化でも無自覚にしてしまうと，思わぬ誤解を受けてしまうかもしれません。さらには誤解を受けたことにさえ気づかないかもしれず，事は重大です。

第二言語を使うときに母語の影響があるのは当然であり，決して悪いことではありません。しかし，さまざまなレベルや性質の影響があるということを知っておくことは大切です。

❖第2節のポイント

> ✓ 母語は発音や文法だけでなく，第二言語の広い範囲に影響を及ぼす。
> ✓ 母語は文における情報構造，語用論，コミュニケーションの取り方などへ強く影響を与えてしまうので，気をつける必要がある。

3　第二言語を習得することは人生にプラスに働く

ここまでは母語が第二言語使用に影響を「与えてしまう」というどちらかというとネガティブな側面について説明しましたが，ここからは複数の言語を使えるようになると良いことがある，というポジティブな面について話をします。

「バイリンガリズム（二言語主義）」とは，「人間は2つ以上の言語を習得・使用したほうがよい」という考え方です。これに対して「モノリンガリズム（一言語主義）」は「人間は言語をどれか1つ選ばないといけない，二言語あるいは多言語習得することはありえない」という考え方です。

3.1　第二言語習得はリテラシーを高める

バイリンガリズムを主張し続けた学者の中でおそらくもっとも有名なのは教育学者であるジム・カミンズ（Jim Cummins）です。私はカミンズ先生の授業を受けたことがあります。彼は私が教育を受けた研究所の教授だったのです。

当時でもう60歳近かったのではないかと思いますが、ハンサムで感じがよく、学生たちからは"super nice guy"といわれていました。

彼が話すのを聞くたびに、怖いくらい頭の切れる人だ、と私は思いました。北米の大学でしたので、一回の授業は3時間です。カミンズ先生は最初の数回だけ講義をされたのですが、すべて早口でずーっとしゃべり通されました。同じ内容を繰り返さず、特定のテーマについて重要なことを3時間複数回話すのはすごいことです。それもパワーポイントのような道具もほとんど使わずに、「白熱教室」のような対話も用いることなく学生を飽きさせずにです。本当にすごい先生だと思いました。

カミンズが子どもの第二言語習得について提唱した有名な理論が「相互依存仮説（Interdependence Hypothesis）」、通称「二山氷山理論（Dual Iceberg Theory）」です。これは図3-1のように図化されます。このように図化される

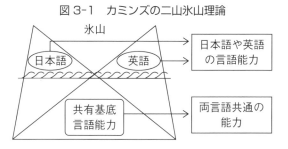

図3-1　カミンズの二山氷山理論

と非常にイメージがクリアになり、説得力が増します。

図3-1は氷山を横から見たもので、真中の波線が水面です。水面から顔を出している部分はそれぞれ母語と第二言語で、その部分だけ見ると別々の山に見えます。しかし水面下では2つの言語はつながっており、そこには「共有基底言語能力（Common Underlying Proficiency）」があります。これは認知・学術能力のことで（いわゆる学力とは少し違います）、読み書き能力や論理的思考能力などリテラシーに深く関連する言語能力です。

共有基底言語能力は母語と第二言語で共通しています。ですから、母語でこの能力を高めれば高めるほど第二言語でも能力が高まります。例えば母語で読むのが得意な人は、ある程度の英語力を身につけたら英語でも読むことが得意になるでしょう。そして母語だけでなく、第二言語を身につけることを通じてもこの共有基底言語能力を高めることができる、とこの理論は主張します。この章の冒頭に紹介した「英語でエッセイを書いたほうが自分の考えがクリアになる」という大学生の体験もこの理論に近い現象だと思われます。

用語解説 1 ❖ リテラシー（literacy）

　リテラシーは日本語では「読み書き能力」と訳されますが，本来はもっと広い概念なので，この本では片仮名でリテラシーと表記します。英語でliteracyといえばもともとは「社会における文書（本や論文など書かれたものすべてを含む）を解釈し，自分でもそれを書く能力」といった具合に「読み書き能力」にある程度限定して理解されていました。

　しかし近年その定義や解釈はどんどん拡大され，変化し続けています。リテラシーの中核となる能力は，文字をはじめとするさまざまなツールを使いこなし（例えば数字を使って計算することや，最近ではコンピュータを使う能力なども含まれます），社会で行われる幅広い活動やコミュニケーションに積極的に参加できる力です。例えば，本を読んで政治についての知識を深め，他の人と議論したり，法律を変えるために運動する能力なども広い意味ではリテラシーと考えられます。

　日本人は識字率が高いので（実際読み書きできない人はほとんどいません）あまり考えたことがないかもしれませんが，西洋諸国ではリテラシーは大変重要だと考えられています。例えばUNESCOは以下のようにリテラシーは人生の重要な側面へ影響を与える非常に切実なものだと述べています。

　「リテラシーは基本的な人権であり，生涯学習のための基盤である。それがあれば生活を変えることができるのだから，人や社会の成長にとって非常に重要である。個人にとっても，家族にとっても，社会にとっても，リテラシーは健康，収入，そして世界との関係性を改善するための力を与えるツールなのである。」
（Unescoウェブサイト，Education, Literacyより）

3.2　2種類の言語能力——BICSとCALP

　カミンズの相互依存仮説で大切な点は子どものリテラシーを重視したことです。カミンズは子どもたちにとってリテラシーは非常に重要なものだと考えていました。なぜなら，移民した子どもたちは表面上すぐに英語を上手に話せるようになりますが，日常会話レベルでは問題がなくとも第二言語におけるリテラシーを高められない場合があるからです。すると学校で良い成績をとれなかったり，授業についていけなくて落ちこぼれてしまったりします。そうなれ

ば言葉だけの問題ではなくなり、その後の子どもたちの人生に関わる大きな問題となってしまいます。

そこでカミンズは言語能力を二種類に分類し、この違いを強調しようとしました。それが「基本的対人伝達能力（BICS = Basic Inter-personal Communicative Skills）」と「認知・学習言語能力（CALP = Cognitive Academic Language Proficiency）」です。

BICS のほうはいわゆる生活言語能力のことで、日常会話ができる能力のことです。それに対して CALP はテストで測定されるような、認知的スキルや学業成績に関わる言語能力です。この2つの能力が決定的に異なるのはコンテクストへの依存度です。BICS の場合は会話ですからその場に相手がいて、表情やジェスチャーを見ることができますし、そもそもお互いにある程度情報を共有しているので多くを説明しなくとも意思の疎通がはかれます。これはコンテクストに依存している状態です。

一方、CALP のほうは例えばテスト問題のように、人によって理解にばらつきが出ないよう、詳しく中立的に説明する能力です。話し言葉であっても同様です。論理的に相手を説得する場合は声の大きさやジェスチャーではなく（それらも重要ですが）、話の内容や組み立て方がしっかりしている必要があります。ですから CALP はコンテクストにあまり依存しない特徴があります。

BICS と CALP の定義についてはさまざまな議論がありますが、ここでは同じ言語でも2つの性質の異なる言語能力がある、ということを押さえてもらえれば十分です（さらに詳しく知りたい方は『学習言語とは何か』（バトラー後藤）を読んでみてください）。

カミンズはカナダへ移民した子どもたちの BICS と CALP を調査しました。その結果が図 3-2 です。グラフが2つ並んでいて、左が BICS、右が CALP の変化です。対比のために移民の子どもたちと英語ネイティブの子どもたちを比較しています。実線が移民の子ども、点線がネイティブの子どもの平均です。この2つのグラフからわかることは、移民の子どもたちは BICS については2年くらいでネイティブの子

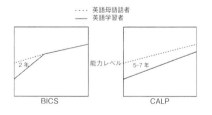

図 3-2 カミンズによる BICS と CALP の発達調査

もたちに追いついているのに対し，CALPについては5〜7年経ってもネイティブに追いついていない，ということです。移民の子どもたちももちろんCALPを上げています。しかしその間ネイティブの子どもたちもどんどん母語の言語知識やリテラシーを上げていくのでなかなか追いつくことができないのです。

同様の研究はアメリカでも行われています（Hakuta, Butler & Witte, 2000）。この研究では幼稚園入園時に英語母語話者ではないと判断され，その後アメリカでずっと英語のみの授業を受けてきた子どもたちの読み書き能力を測定しました。まず，口語力（日常会話などができる力）はその学年で必要だとされる力の80％に達するのに平均でわずか3年しかかかっていませんでした。しかし読む能力や書く能力は80％に達するのに5年から7年もかかっていたのです。そして小学校6年生になっても子どもたちの平均は学年で必要とされる力の90％程度にとどまっていて，そこに届いてはいなかったのです。

ではBICSとCALPのギャップ問題をどうすればよいでしょうか。カミンズは「共有基底言語能力は母語と第二言語で共通なのだから，母語のリテラシーを上げればよい。そうすれば第二言語のCALPが上がる」と主張しました。そして実際に移民の子どもたちの母語で絵本を読んだりするプロジェクトを行い，そのメリットを説いています。

これには単にCALPを上げる以外のメリットもあります。カミンズは子どもたちを「勇気づけること（empowerment）」の重要性も強調しています。子どもたちの母語を大切にすることで，「君たちの母国やその文化，ひいては君自身を認めて大切にするよ」という勇気づけになるというのです。私はカミンズ先生の授業でその実際の映像を見せてもらったことがあります。白人のネイティブの子どもが多いクラスの中にインド系の女の子がいて，クラスでその少女の母語で書かれた絵本を扱っていたのです。少女は他のクラスメートに絵本の説明をしていました。その表情がキラキラと自信に満ちていて，とても美しかったのが印象的でした。

3.3 大人の第二言語におけるリテラシー

カミンズの理論は移民の子どもについて説明したものですが，その考え方は第二言語を学習する大人も知っておいて損はありません。特に，言語を二種類に分けて考える視点は大切です。

私は多くの大学生が「英語を流暢に話せる」ことと「英語ができる」ことは

同義だと思っていることにしばしば驚きます。もちろん流暢に英語が話せるのは格好がいいでしょう。しかし，「英語ができる」と（他の大学生に）思われている大学生が話すのを聞くと，確かに発音は上手で滑らかに話しているが話に論理展開があまりなく，文法もあやしいケースがあります。すると表面的にはうまく言語を操っているように見えても，その言語で表現できることが限られてしまいます。ですから，自分の第二言語を振り返り，一体それで何ができるかを意識していくことが重要だと思います。

リテラシーを必要とするような言語能力の1つが「書く能力」です。この本の第1章で大学生たちが英語学習について信じていることの1つが「英語は話せることが大事」だと紹介しました。そこでも述べましたが，特にインターネットに依存する現代では「書く」ことの重要性がますます高まっているといえます。

そもそも書き言葉は昔から大きな力を持っていました。現代に限らず，上手に書かれた文章は時間や場所にとらわれず，相手を選ばず，著者の考えを伝えることができます。例えば私たちは1000年以上前に書かれた『源氏物語』を読み感動することができます。もし紫式部がこの物語を周囲の人に面白おかしく語っただけだったら，当時どんなに上手に語っていたとしても今の私たちに直接触れられる形では残らなかったでしょう。

余談ですが，アメリカのタイム誌は毎年「世界でもっとも影響力のある100人」を選んでいます。2015年4月に発表された100人に日本人が2人含まれていました。作家の村上春樹さんと片づけコンサルタントの近藤麻理恵さんです。この2人の組み合わせは少し意外な感じがしますが，共通点がありました。それは翻訳された彼らの書著がアメリカでベストセラーになっていたことでした。タイム誌が「影響力がある」としたからといって鵜呑みにはできませんが，このニュースを見て私は「書き言葉は遠くまで声を届けられる」ということを思ったのでした。

本を出版して，それが日本でベストセラーになれば誰かが翻訳してくれるかもしれませんが，そうでなければ自力で第二言語で書くしかありません。そのためには第二言語の語彙を増やしたり，文法を学んだりということも大事でしょう。

また，忘れてはならないのは母語のリテラシーです。これに関して日本人を対象に行われた有名な研究にSasaki & Hirose (1996) があります。この研究で

は日本人大学生の英語ライティング力がどんな要因の影響を受けているか調べました。その結果，一番強くライティング力に影響を与えていたのは英語能力そのものでしたが，その次に強い要因が日本語のライティング力だったのです。

つまり，英語がまったくできなければ当然母語のリテラシーを生かすことはできませんが，ある程度英語力をつければ母語の書く力を英語ライティングに応用できるようになるわけです。そうなれば母語の書く力が高い人のほうが第二言語のライティングでも力を発揮することができます。

第二言語習得研究者の小林ひろ江とキャロル・リナート（Carol Rinnert）は日本人英語学習者の英語ライティングに及ぼす母語と英語のライティング教育の影響について長年調査してきました。彼女たちの研究には重要な発見がたくさんありますが，ここではその中から特に興味深い2つを紹介します。一点目は，なんと大学受験のために勉強した日本語の小論文の書き方が英語でエッセイを書くときに影響を与えていたことです。これは日本語で論理展開法を学べば，それを英語にも応用できることを示しています。

二点目は，日本語エッセイの書き方が英語エッセイに影響するだけでなく，英語のエッセイを書くための指導を受けると，日本語の書き方にも影響が出るということです。つまり，母語のリテラシーは第二言語に影響し，第二言語でのリテラシーを高めればカミンズが主張したように母語のリテラシーも上がる可能性が高いことが示されたわけです。

3.4 第二言語を身につけると認知症予防になる？！

この章の最後にもう1つ，バイリンガルになるとこんな良いこともあるという例を紹介します。なんとバイリンガルの人は認知症の発症が遅くなる，という研究結果が報告されています（Bialystok, Craik & Freedman, 2007）。

この研究はバイリンガルがたくさんいるカナダのトロントで，認知症と診断を受けた200名弱の人々を対象に行われました。このうちの約半数はバイリンガルで，残りは母語しか話せないモノリンガルでした。この2グループに認知症の診断を受けた年齢を問うと，バイリンガルの平均が75.5歳で，モノリンガルの平均が71.4歳でした。つまり，バイリンガルは平均4年発症が遅いことがわかります。

しかし他の研究で，高学歴の人は認知症の発症は遅いけれどもいったん発症すると急激に症状が進む，という結果が出ているので，単に発症する年齢が遅

いだけでは喜べません。そこで，研究者らはこの200名弱の人たちの認知症の進行度合いをその後4年に渡って追跡調査しました。

その結果が図3-3です。これはMMSEという認知症の症状の重さを測るテストのスコアをグラフにしたもので，横軸が経年変化です。実線がモノリンガル，点線がバイリンガルの傾向を示しています。点数が低くなるにしたがって症状が進むということなので，この線が右下に向かって急に傾いていると症状が急激に進行している，ということを意味します。

このグラフを見ると，2本の線の傾きはほとんど同じで，統計的にも違いがありませんでした。つまり，バイリンガルのほうが認知症の発症が遅い上に，その後の進行具合もモノリンガルとほぼ同じなので，バイリンガルの認知症の発症は遅いことが証明されたわけです。さらに，このことは教育を受けた年数や就いている仕事の種類にも影響を受けないことも示されました。

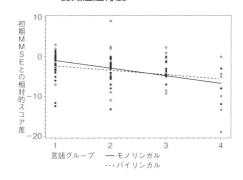

図3-3　モノリンガルとバイリンガルの認知症進行度

この研究を紹介し，バイリンガルだと認知症になるのを遅らすことができるかもしれませんよ，と授業で話したら，以下のようなコメントをくれた人がいました。

「今からでもお母さんに英語でもなんでもいいので勉強してほしいなーと思いました。」

お母さんのことを思いやっているのかそうでもないのか微妙なコメントですが，第二言語を身につけるとこんなメリットもあるのです。

❖第3節のポイント

> ✓ 移民した子どもの第二言語リテラシーを高めるには，母語のリテラシーを強化することが有効だ。
> ✓ 1つの言語でも BICS と CALP を区別でき，高度な第二言語運用能力につながる CALP を育てるのが重要である。
> ✓ 大人も第二言語を学ぶことでリテラシーが上がることがある。
> ✓ 第二言語を学ぶと認知症の発症が遅れるかもしれない。

読書案内

○鶴田庸子，ポール・ロシター，ティム・クルトン（1988）『英語のソーシャルスキル』大修館書店
英語と日本語の語用論の違いについてわかりやすく書いてあります。実例も豊富で，実際の会話にも役立てることができます。

○バトラー後藤裕子（2011）『学習言語とは何か──教科学習に必要な言語能力』三省堂
本章で紹介したカミンズの CALP などの学習言語について包括的かつ網羅的に書かれています。少し専門的で難しいですが，この分野について詳しく知りたい方におすすめです。

❖ディスカッション・ポイント ……………………………………………

☐ 日本語の総主文を作ってそれを英語に訳してみましょう。実際にやってみると意外に難しいことがわかります。
☐ 第二言語を学習したことで，自分の人生にとって良かったと思う点をできるだけたくさん挙げてみましょう。

第4章

第二言語習得研究はどのように始まったのか
―― 認知的アプローチの時代

> この章では SLA が生まれた 1960 年代から 1990 年代までの初期の歴史を概観します。この時期の SLA 研究を牽引した認知的アプローチとはどのようなものか考え，またそれに異議を唱えて登場したエコロジカルアプローチについて説明します。

　SLA 研究はいつ頃始まったのでしょう？もちろん，第二言語を学ぶという行為は古くから行われてきましたが，そういった現実的な問題はあまり学問的に重要だと考えられない傾向がありました。それが第二次世界大戦後急速に国際化が進行する中で，第二言語を身につける必要性が高まり，大きな社会変化の中で「第二言語習得」分野が登場します。

　SLA の起源については諸説ありますが，おおよそ 1960 年代後半から始まったということで多くの研究者の意見が一致しています。それから 1990 年代中盤まで人間の認知プロセスを重視する「認知的アプローチ（cognitive approach）」が SLA を主導してきました。本章では SLA はどのように生まれたのか，またそれから約 30 年間分野を牽引してきた認知的アプローチとはどのようなものか見ていきます。この章の最後には，認知的アプローチに異議を唱えて登場した「エコロジカルアプローチ（ecological approach）」と呼ばれる大きな流れについても紹介します。

1　第二言語習得研究の誕生

　新しい研究分野はどのようにして生まれるのでしょうか？どんな分野であれ，それが確立したと認められるためには多くの研究者が参加する必要があります。SLA の起源が 1960 年代後半といわれる理由の 1 つは，その時期までに第二言語に関する研究がある程度蓄積されてきた点が挙げられます。

　もう 1 つの重要な理由は，新しい分野を生み出そうとするバイタリティ溢れる研究者によって非常に重要な論文が発表されることです。SLA においては，

イギリスのエディンバラ大学の応用言語学教授だった（イギリス応用言語学会の初代会長でもあります）ピット・コーダー(Pit Corder)がその1人です。そのため彼の「学習者の誤りの重要性（The significance of learners' errors)」という論文が発表された1967年からSLAが始まったといわれています。

1.1 「誤り」と「間違い」は異なる

ピット・コーダーの研究のもっとも大きな貢献は，それまで悪いものだと考えられていた学習者の誤りを，「第二言語習得の発達段階を示す重要なヒントになる」と指摘したことです。まずコーダーは「誤り (errors)」と「間違い (mistakes)」を区別しました。「間違い」とは思わず口から出た些細なものであるのに対して，「誤り」は学習者の現在の能力に起因する発達途上のものであると考えました。したがって，学習者の誤りは決してランダムに起こるような表面的なものではなく，発達段階を知る重要な手がかりになるのです。

なぜこの考えがSLAの始まりといわれるほど革命的だったのかを理解するためには，当時の時代背景を理解する必要があります。第2章で見たように，チョムスキー登場以前は行動主義心理学全盛の時代でした。行動主義は「刺激→反応」の「習慣形成」を蓄積していくことが重要だと考えていました。当時の外国語教育は行動主義に大きな影響を受け，言語構造を何度も繰り返し練習することで素早く反応できるように訓練することが重視されていました。

例えば，私（新多）も経験がありますが，中学校の英語の授業の始めに以下のようなあいさつが繰り返されるのも，行動主義に基づく言語教育方法の名残だと考えられます。

教師：How are you?（元気ですか？）
生徒たち：[一緒に] I'm fine. Thank you, and you?（元気です。ありがとうございます。先生はいかがですか？）
教師：I'm fine too. Thank you. OK, sit down.（私も元気です。ありがとう。それじゃ，座ってください。）

余談ですが，この言語学習開始時期に形成させられた習慣はかなり頑強です。数十年経った今でも，同僚のアメリカ人の先生とすれ違いざまに"How are you?"といわれると，つい"I'm fine"（必ずしもfineでないときでも）と言っ

てしまい，もっと気の利いたことをいえなかったのかといつも後悔してしまいます。

　行動主義では，まねることを通じて言葉は習得されると考えます。したがって，生徒たちは「正しい英語」をできるだけ正確に繰り返すことが求められます。また，誤りを犯してしまうとそれが習慣として形成されてしまいますので，できるだけ早く矯正される必要があります。

　ところがコーダーは，悪者と考えられてきた誤りをむしろ肯定的にとらえます。つまり，誤りはL2習得の途中で必然的に生まれるもので，学習者のその時点の発達段階を示す重要なデータだと考えました。例えば，ある生徒が以下のような発話をしたとします。

　生徒：We played basketball yesterday. We winned!（昨日バスケットボール
　　　　をしました。（試合に）勝ちました！）

この場合"We winned!"ではなく，不規則活用の"We won!"が正しい形ですので，行動主義の立場に立つと直ちに修正しなければいけません。

　しかしその前に"We played basketball yesterday."と発話していますから，この生徒は過去の時制では規則活用の"-ed"を用いることは理解していると考えられます。行動主義者が主張するように言語はまねることを通じてのみ習得されるのであれば，生徒が聞いたことがないはずの"winned"と発話をするはずがありません。つまり，"We winned!"の誤りは，生徒が自分の第二言語知識に基づき「創造的に構築（creative construction）」した結果生まれたものだとコーダーは考えました。

1.2　ビルトイン・シラバス

　さらにコーダーは誤りの源泉として，学習者自身の「ビルトイン・シラバス（built-in syllabus）」があると考えました。「ビルトイン＝埋め込まれた」という言葉は，学習の結果身につけたものではなく，生得的に持って生まれたものという意味です。一方，「シラバス」とは授業計画のことで，どのような順番で教えるか，通常は教師が内容を考え作成します。つまり，ビルトイン・シラバスとは，1人1人の学習者が生まれながらに持っている発達のルートのようなものです。

しかし問題は，教師（あるいは教科書）の設定したシラバスと，生徒の内部に備わっているシラバス（のようなもの）は，必ずしも一致しないことです。教師が「この順番で教えれば理解しやすいだろう」と考えたことが，生徒にとってはそうではないということがしばしば起こります。生徒の準備が整っていない状態であれば，せっかく教えてもほとんど記憶に残らない可能性があります。コーダーが学習者の「誤り」に注目する重要さを主張した背後には，学習者のビルトイン・シラバスを解明しようとする壮大な目標がありました。

　コーダーのビルトイン・シラバスは特に2つの点でその後の研究に大きな影響を与えました。まず教育的な面においては，「教師中心（teacher-centered）」から「学習者中心（learner-centered）」へのアプローチの転換です。大人数で一斉に行われる授業では，どうしても教師主導になりがちです。このように，教師が「知識の供給者」として正しい答えを持ち，生徒はそれをひたすら理解し記憶することが重要だと考えられている状況では，行動主義的な教授法は確かに効果的かもしれません。

　それに対して，生徒の誤りを尊重するには，教師が準備した内容を学ばせるだけでなく，生徒が主体的に第二言語を使っていく授業が求められます。このようにコーダーの研究はその後の学習者中心の教育アプローチが発展していく大きなきっかけとなりました（SLAの教育への応用については，第6章で詳しく説明します）。

　もう1つは，SLAの理論的な側面への影響です。コーダーのビルトイン・シラバスは，生得的に備わったものという点でチョムスキーの普遍文法の第二言語版だと考えられます（チョムスキーの理論の詳細については第2章参照）。当時はチョムスキーの理論が言語学界を席巻していましたので，多くのSLA研究者も普遍文法に則って，あるいは普遍文法の考えと矛盾しないように第二言語習得を説明しようとしました。つまり，どのような第二言語のインプットを与えれば，普遍文法を機能させることができるのか，また学習者の内部ではどのような認知プロセスが働いているのかを理解しようとしたのです。次節で説明するようにこのコーダーの研究以降，第二言語習得を認知的側面から理解しようとするアプローチがSLA研究の中心となりました。

❖第1節のポイント
- ✓ 誤り（errors）は発達段階を知る重要な手がかりになる。
- ✓ それぞれの学習者には，独自の「ビルトイン・シラバス」が備わっている。

2　第二言語はどのようなプロセスで習得されるのか——認知的アプローチ

　コーダーの研究以降，認知的プロセスを重視した研究が主流となり，SLAを大きく発展させていきます。ここで，なぜこの流れを「認知的アプローチ」と呼ぶのか，少し詳しく説明したいと思います。

2.1　認知能力と環境の相互作用

　まず，認知的アプローチでは人間の認知能力をもっとも重視します。認知とは，私たちが何かを学習する際に働くさまざまな心理的プロセス（知覚，思考，推論，解釈など）を指します。例えば，今読者のみなさんがこの本の内容を理解しようとするときに頭の中で行われる活動が認知活動です。つまり，通常私たちが「頭を使っている」と感じるときに働いているのが認知能力です。

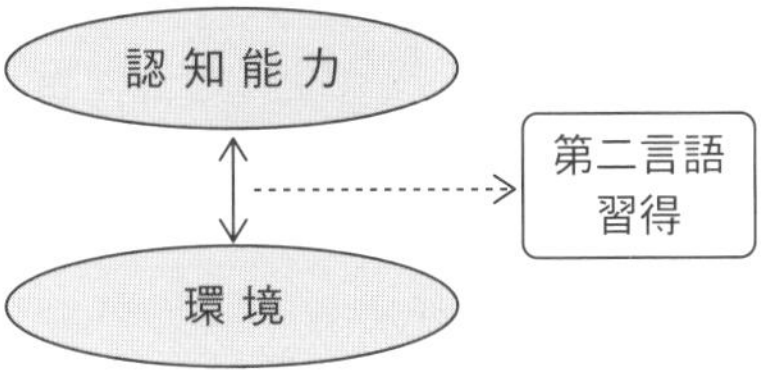

　認知主義の歴史をさかのぼると，近代以降の西洋文明発展の基盤となった人間中心主義と合理主義に行きつきます。神の似姿である人間は，感情や環境にあまり影響されずに，合理的に判断することができる存在であり，動物や環境をコントロールできるという思想です。したがって，認知主義では人間の認知能力とまわりの環境は本質的に分離していて，両者が相互作用することで，第二言語習得が促されると考えます（図4-1）。

図4-1　認知能力と環境の相互作用

　また，認知的アプローチではしばしば，環境を抽象化して考えます。一般的には「環境」よりも「コンテクスト（context）」という言葉を使うことが多いのですが，例えば「外国語としての英語（English as a Foreign language: EFL）コンテクスト」（つまり，日常的には英語を使わない環境）というような言い方を

します。実際には EFL コンテクストといっても，日本とフランスとブラジルでは社会的・文化的に大きく異なりますし，日本の中でもさまざまな違いがありますが，そういった個別性は無視して抽象的なものとして扱うことで，得られた研究結果は他の EFL 環境にも適用可能であると考えます。主役はあくまで人間の認知であり，環境は単なる背景にすぎないのです。

2.2　2つの認知的アプローチ

　少し細かい話になりますが，SLA における認知的アプローチはさらに2つの立場に分けることがあります。どちらの立場も認知と環境を分ける点では共通していますが，言語能力を他の能力とは異なる「特別なもの」と考えるか，言語習得も他の教科の学習や技能の習得と根本的には変わらないとする考え方とに大きく分けることができます。

　1つ目は，チョムスキーの生得主義を採る立場で，どのような言語インプットを与えれば学習者が備えている普遍文法のスイッチがオンになるかを考えます。母語がなんであれ，どのような社会的環境にいようとも，あらゆる学習者に共通する第二言語発達パタンを見つけることが，この立場に立つ研究者たちの目標です。コーダーはこの生得主義の立場に立っていました。

　しかし，その後の研究ではむしろ，認知的アプローチの2つ目の立場に立つ研究が主流となりました。この，第二言語習得も他の学習や技能の習得（例えばスポーツや自動車の運転など）と根本的には変わらないとする立場については，代表的な情報処理アプローチについて次に見ていくことにしましょう。

2.3　情報処理アプローチ

　「情報処理アプローチ（information-processing approach）」は 1990 年代までの（さらに現在も続く）多くの認知主義に基づく SLA 研究の理論的基盤となってきました。その特徴は，人間の認知活動をコンピュータの情報処理プロセスに例えている点です。「コンピュータモデル（computational model）」と呼ぶ研究者もいます。

　コンピュータの基本的な情報処理のプロセスを単純化すると，次ページの図 4-2 のようになります。コンピュータは与えられたインプットを処理しなんらかのアウトプットを生み出すシステムです（最近のコンピュータは過去の処理を蓄積し学習しますが，ここではあくまで初期のコンピュータを想像してください）。

私たちは通常キーボードやマウスを使ってなんらかの情報をコンピュータに入力（インプット）し、それがコンピュータ内での計算処理を経て、図やグラフがスクリーンに出力（アウトプット）されます。この一連のプロセスは、同じコンピュータであれば、職場でも、自分の部屋でも、カフェでも、外国に行ってもまったく同じですので、外部環境の影響を一切受けません。また生身の人間のように、今日は嫌なことがあったからやる気が出ないなど、感情による処理のブレが起こることもありません。

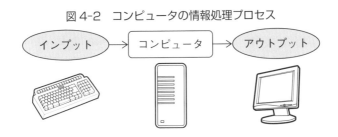

図4-2　コンピュータの情報処理プロセス

2.4　第二言語習得の認知プロセス

　もちろん、人間はコンピュータのように、一方的に与えられたインプットをいつも安定的に処理して、そのままアウトプットすることは不可能です。現実には、私たちの認知活動は常に環境の影響を受け、また自分の内の生理的欲求（空腹や疲労など）や感情のゆらぎに振り回されています。しかし、情報処理アプローチに基づくSLAの研究では、そうした環境的、身体的影響はひとまず脇に置いて、学習者（厳密には学習者の認知）を、与えられたインプットを処理し、アウトプットを行うコンピュータマシーンのようなものと考えることで、第二言語習得プロセスの本質を理解しようとします（そもそも「インプット」や「アウトプット」という言葉がコンピュータ用語から来ています）。

　さまざまな研究者が第二言語習得プロセスのモデルと提唱していますが、大きくは図4-3のようにまとめることができます。インプットとアウト

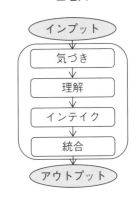

図4-3　第二言語習得プロセス

プットが学習者の外にあり，四角で囲まれた4つのプロセス（気づき，理解，インテイク，統合）が学習者の内面の認知的プロセスを表しています。

　コンピュータのように，インプットされた情報をそのまますべて吸収しすぐにアウトプットできれば簡単ですが，もちろん現実はそう単純ではありません。インプット（読んだり聞いたり）しても覚えていないことはよくありますし，しっかりと理解していても，アウトプット（話したり書いたり）しようとするとうまくいかないこともあるでしょう。

　例えば "She asked where the post office was." のように間接疑問文を習得する場合を考えてみましょう。英語では疑問文を作るときに語順が変わりますが，"where the post office was" のように文の中に入っている場合は倒置をしません。この文を聞いたときに「あれ？ where was the post office じゃないの？」と注意がいくのが「気づき（noticing）」と呼ばれるプロセスです（詳細は第6章で説明します）。

　ただ気づいただけでは時間が経つと忘れてしまうかもしれませんが，「理解」が伴うと記憶される可能性が高まります。「このようなケースでは倒置をしないのだ」と「理解」することで，このルールが取り入れられます。

　英語の授業で教師が話す英語は生徒たちにとっては「インプット」ですが，当然生徒たちはそのすべてを一度に処理することは困難です。コーダーは知覚されるものすべてを指す「インプット」と，（インプットのうち）自分で気づいて理解した段階である「インテイク」を区別しました。理解しインテイクされたものが，さらに自身の第二言語システムに「統合」されれば，「アウトプット」ができる準備が整ったことになります。前ページの図4-3はかなり簡略化されていますが，それでもインプットとアウトプットの間には一般的に考えられている以上にたくさんのプロセスがあることがわかると思います。

❖ 第2節のポイント

- ✓ 認知的アプローチには，言語習得を特別な能力だと考える立場と，それ以外の学習や技能の習得と同じだと考える立場がある。
- ✓ 情報処理アプローチでは，インプットした第二言語が，気づき，理解，インテイク，統合のプロセスを経て習得されることで，アウトプットできるようになると考える。

3 インプット―インタラクション―アウトプットモデル

　ここからは，認知的アプローチから第二言語習得を扱ったさまざまな理論の中でも，コーダー後のSLA研究を牽引した3つの大きな理論について少し詳しく見ていきましょう。

　1960年代後半以降SLA研究はますます盛んに行われるようになり，さまざまな理論が提示されます。しかし数ある理論の中でももっとも大きな影響を与えたのが，インプット，インタラクション，アウトプットに関する理論です。

　この3つの理論はそれぞれ独立した概念ですが，その一方でSLAが発展していく一連の流れの中で連続的に登場しました。この状況を指して応用言語学者のデービッド・ブロック（David Block）は「IIO（Input-Interaction-Output）モデル」と呼び，認知的アプローチに基づく1つの「大きな理論（big theory）」を構築しているといっています（Block, 2003）。ここからは，それぞれの理論がどのような経過とともに登場し，何を主張していたのか紹介していきます。

3.1 クラッシェンの「インプット仮説」

　どのような理論的立場を重視するにしても，まずはインプットを得ない限りは第二言語習得が始まりません。目の前に提示されたインプットがどうすれば習得されるのかは重要な問題です。その重要な条件の1つを示したのが，スティーブン・クラッシェン（Stephen Krashen）の「インプット仮説（Input Hypothesis）」です。

　クラッシェンはSLAの草創期において数多くの仮説を提唱し，その後の研究の発展を促す火付け役となります。「火付け役」という理由は，クラッシェンが提唱した仮説のほとんどが当時の他の研究者から激しい批判を受けたからです。残念ながらさまざまな批判に対してクラッシェンはあまり満足のいく反論をしませんでしたが，その一方でクラッシェンの提示した考えはその後の多くの研究が発展していく端緒ともなりました。当時多くの批判は受けましたが，彼が非常に直感力に優れた研究者であることは確かです。

　クラッシェンの理論の中でもっとも有名なものがインプット仮説です。これは学習者の現在のレベルを i とし，これをほんの少し上回るレベルのインプット（$i+1$，アイプラスワン）を受けることで，第二言語は自然に習得されるという説です。またこのインプットレベルが難しすぎても（$i+2, i+3, i+4 \ldots$）ある

いは簡単すぎても（$i-1, i-2, i-3 \ldots$）うまく行きません。このちょうどよい適切なレベルのインプット（$i+1$）は「理解可能なインプット（comprehensible input）」とも呼ばれています。

　自分にとって少しだけ難しいレベルのインプットが大事であるということについては，おそらく多くの方が同意されるのではないでしょうか。近年の脳科学の研究でも，適度なチャレンジに成功したときに，快楽物質であるドーパミンが放出され，脳が強化されることがわかっています。

　しかし，クラッシェンの理論の過激だった点は，この理解可能なインプットの・み・で第二言語習得は可能だと主張したところです。巷には「聴くだけで英語が話せるようになります！」というふれ込みの英語学習教材が溢れていますが，そうした学習法の裏付けともなるのがクラッシェンのインプット仮説です。

　インプット仮説の背景として当時主流であったチョムスキーの普遍文法の影響が見られます。クラッシェンは母語習得と第二言語習得のプロセスは本質的に同じだと考え，大人であっても母語のように言語を身につけるべきだと考えていました。子どもは，まわりの大人からいわゆる「養育者の話し方（caretaker talk）」と呼ばれるわかりやすいインプットを大量に受けることで，最初は聴いているだけで，次第に自分から発話を始めるようになります。したがって第二言語においても，理解可能なインプットを大量に受けることで，生得的な言語習得装置が機能すると考えました。

3.2　ロングの「インタラクション仮説」

　クラッシェンのインプット仮説を発展させる形で登場したのがマイケル・ロング（Michael Long）の「インタラクション仮説（Interaction Hypothesis）」です。インタラクションとは「相互交流」，つまり会話のやりとりのことです。この理論は，基本的にはクラッシェンの理解可能なインプットの延長線上にあります。リスニングやリーディングなどの一方的なインプットを通してよりも，むしろインプットを双方向的に与え合う会話プロセスによって$i+1$のインプットを得やすくなると主張しました。

　例えば私は大学で英語の授業を担当していますが，何かリスニング教材を使おうとしたときに，どの教材が受講生たちにとって適切か（つまり$i+1$になるか）いつも頭を悩ませます。クラスは英語テストの結果をもとにレベル分けされていますが，それでも受講生たちのリスニング力には大きなばらつきがありま

す。受講生全員にとって適切なレベルの教材を準備することは，相当困難です。

　しかし，最初に提示したときには難しすぎるインプット（つまり$i+2$以上の状態）が会話を通じて$i+1$に調整されるというのが，インタラクション仮説のポイントです。例えば以下の教師(T)と生徒(S)の会話を見てみましょう。

T：All right now〔reading from the script〕, above the sun place the squirrel. He's right on top of the sun.	それじゃ始めましょう〔テキストを読みながら〕太陽 (sun) の上にリス (squirrel) を置いて。彼は太陽のちょうど上にいるわ。
S：What is ... the word?	その言葉は…なんですか？
T：OK. The sun.	OK。「太陽」よ
S：Yeah, sun, but	ええ，「太陽」，だけど…
T：Do you know what the sun is?	sun って何か知ってる？
S：Yeah, of course. Wh-what's the	はい，もちろん。それで…
T：Squirrel. Do you know what a squirrel is?	"squirrel" の方ね。squirrel は何か知ってる？
S：No.	知りません。
T：OK. You've seen them running around on campus. They're little furry animals. They're short and brown and they eat nuts like crazy.	OK。大学のキャンパスであちこちで走りまわっているのを見たことがあると思うわ。小さくて柔らかい毛でおおわれた動物よ。小がらで茶色くて，ものすごい勢いでナッツを食べるのよ。

（Gass & Varonis, 1994 より，p. 296 著者訳）

　この会話では"squirrel"（リス）が問題となっています。生徒はこの語を知らなかったので，最初に聞いたときには$i+2$の状態でしたが，会話の中で尋ね，具体的な説明をもらうことで$i+1$のレベルに近づくように調整されていることがわかります。このように意味を確認したり，繰り返したり，言い直したりする作業をロングは「意味交渉 (negotiation for meaning)」と呼び，第二言語習得の不可欠な要素だと考えました。

　インプットが$i+1$のレベルに調整されることに加えて，インタラクションに

はもう1つ重要な機能があります。それは、学習者にとってちょうどよいタイミングで (just-in-time) 必要なインプットを得られるという点です。私たちは、「どうしても知りたい！」と渇望しているときにその答えを得られるとスムーズに取り込むことができます。反対に、授業で一方的に提示された単語や文法は、どれほど重要なものであってもなかなか覚えることができないものです。

先の会話の例でも、この話題の中で登場した"squirrel"の意味を、きっとこの生徒はこのタイミングで知りたいと思ったでしょう。そのちょうどよいタイミングで説明を得られたことで、この語が彼の中にスムーズに取り込まれる可能性は高まったはずです。実際、この研究 (Gass & Varonis, 1994) では、同じタスクをもう一度繰り返して実施し、2回目にはこの生徒がこの語を覚えていたことを確認しています。

3.3 スウェインの「アウトプット仮説」

インタラクションの中にはもちろんアウトプット（つまり発話する、または書く）の要素も含まれていますが、インタラクション仮説はインプット仮説の延長にあり、あくまでもインプット処理に焦点を当てていました（インタラクション仮説は後にロング自身によって「改定」されますが、これについては第6章で説明します）。それに対して、第二言語習得にはクラッシェンが主張するようなインプットだけでは不十分で、アウトプットすることが不可欠であることを示したのがメリル・スウェイン (Merrill Swain) の「アウトプット仮説 (Output Hypothesis)」です。

スウェインがアウトプットの重要性に気づいたのはカナダのフランス語を学ぶ生徒たちの観察からでした。カナダというと一般的には英語圏の国と認識されていますが、東部のケベック州はフランス系移民が多かったこともありフランス語圏であり、カナダは英語・フランス語の二言語国家です。ですので、カナダではかなり早い時期から英語母語話者の子どもにほとんどの授業を第二言語であるフランス語で行う「イマージョン教育 (immersion education)」が盛んに行われてきました（反対に、フランス語母語話者が英語で授業を受ける教育もあります）。

イマージョン教育では子どもたちにそれぞれの発達段階にあった内容の授業をフランス語で行いますので、クラッシェンの「理解可能なインプット」を大量に受ける言語環境が実現していました。

第二言語習得には非常に恵まれた環境に思えますが，スウェインは子どもたちが必ずしもフランス語母語話者の子どもたちと同じレベルの第二言語能力を身につけていないことに気がつきました。彼らは，たくさんのインプットを受けているので理解力については母語話者と遜色ないレベルに達していましたが，アウトプットした際，細かい文法ミスがいつまでも残りました。アウトプットの能力を伸ばすためには，「理解可能なインプット」だけをどんなにたくさん与えても十分ではなく，やはりアウトプットの機会が不可欠なのです。

　イマージョン教育の観察から，スウェインはアウトプット仮説を提唱し，その後のSLA研究に大きな影響を与えました。アウトプット仮説によると，アウトプットの機会はさまざまな点で第二言語習得プロセスに影響を与えますが，ここでは特に重要な点についてのみ紹介します。

　1つはアウトプットすることで，自分の第二言語の知識が十分でないことに気づくことです（"noticing a hole"と呼ばれます）。例えば，自分では理解したつもりでテストを受けたら，思ったほど答えられなかったという経験はないでしょうか？実際にアウトプットする機会を得て初めて，自分ができないこと（hole＝穴）に気づくことができるのです。

　また実際にアウトプットすることで，自分のアウトプットと母語話者のアウトプットの違いに気づく可能性が高まります。例えば先の例（p. 59, 1.1）で，"We winned!"といった後に，教師から"Oh you won! Congratulations!"といわれると，生徒は「もしかしてwinの過去形はwonというのかな？」と気づくかもしれません。この気づきの機会は，この生徒がアウトプットしたから得られたわけで，ただ黙って聞いていたらこのような違いに気づかなかったでしょう。

　さらにアウトプットをすることで，文法処理が促されるのも重要なポイントです。第2章で述べたように，言語の本質はコミュニケーションです。そのコミュニケーション重視の原則は私たちにまず「意味の処理」を促します。例えば，外国人の旅行者に片言の日本語で道を尋ねられる状況を想像してみましょう。その日本語が文法的に間違っていたとしても，私たちはまずこの旅行者が伝えたいメッセージを理解しようとするでしょう。つまり，インプット処理をしているときにはなかなか文法に注意がいきません。

　その一方，アウトプットをしようとすると「語順はどうすればいいだろうか」「動詞はどのような形にするべきだろうか」「前置詞はどれにすべきか…」とさ

まざまな文法的側面に注意を向けざるを得なくなります。こうした点を指して，スウェインは「押し出されたアウトプット（pushed output）」と呼びました。

図4-4　アウトプット前のイメージ

アウトプットをすることは，もしかしたら通じないかもしれないというリスクを冒すことでもあります。私は英語がうまく話せない頃は，アウトプットしようとするときに，いつもプールの飛び込み台に立っているイメージが頭に浮かびました（図4-4）。誰もができれば失敗して恥をかきたくはありませんが，勇気を持ってアウトプットすることで，たとえうまくいかなかった場合でも，その過程で私たちは多くのことを学ぶことができます。

❖第3節のポイント

- ✓ インプット仮説とは，理解可能なインプットをたくさん受けることで，自然に第二言語を習得できるとする説である。
- ✓ インタラクション仮説は，会話の中で意味交渉を行うことで，ちょうどよいタイミングで理解可能なインプットを受けることができ，その結果第二言語を習得できると主張している。
- ✓ アウトプット仮説は，アウトプットをすることで，文法処理に注意を向けるなど，第二言語習得に必要なさまざまなプロセスが促されると主張している。

4　第二言語習得研究の新しい時代の幕開け

これまで見てきたように，ピット・コーダー以降，学習者の認知プロセスに焦点を当てることでSLAは大きな発展を遂げてきました。それはまた，チョムスキーが言語を「科学的に」研究することを目指してきたこととも軌を一にします。

つまり，まず対象を操作可能なレベルにまで分割し，分割された「部分」の

理解をジグソーパズルのように置き直す作業を積み上げていくことによって，最終的に全体像を理解しようとする還元主義的な（reductionism）アプローチです（詳しくは第5章参照）。SLAにおいても，第二言語習得プロセスの一部を取り出し，コントロールできる環境で実験的に研究を行うことで，科学としての地位を確立しようとしてきました。

しかし本質的に「ことばを使う」という行為が社会の中で行われる人間の営みであることを考えると，コンピュータやロボットにはない情緒や（最近のロボットは感情を持っているそうですが），社会的環境からの影響を一切考慮しない「閉じた」コンピュータモデルではやはり不十分ではないのか，という声が1990年代中頃以降世界中のさまざまな研究者から聞かれるようになりました。

4.1 「ソーシャル・ターン」

認知的アプローチに対する批判はさまざまな面に及びますが，もっとも顕著な特徴として社会的側面の軽視があったため，この一連の流れは「ソーシャル・ターン（the social turn）」（Block, 2003）と呼ばれています。ここでいう「ソーシャル＝社会的」とは，単に大勢の人から構成される社会（例えば，日本社会など）だけでなく，個人を取り巻く外的要素をすべて含めた「環境」を意味しています。

それまで支配的だった認知的アプローチへの批判の引き金となったのは，ファースとワグナー（Firth & Warger, 1997）の論文です。彼らは，SLAの研究はあまりに認知主義の考えに偏りすぎたアンバランスな状態であり，もっと学習者の個性や社会的側面を考慮した研究を行うべきだと主張しました。長年SLA分野を牽引してきたダイアン・ラーセン – フリーマン（Diane Larsen-Freeman）は，当時の興奮を次のように振り返っています。

私は1996年にフィンランドで開催された国際応用言語学会で，ファースとワグナーがこの問題の件についての研究発表をしている隣の部屋のセッションに参加していた。その会が終わり，次の発表に向かおうと部屋を出ると，ファースとワグナーの部屋のドアが開き，私はすぐに聴衆の興奮に包まれた。興奮の大きさは手に取るようにわかった。多くの人にとって，8月のその日が分岐点となった。当時SLAを独占していた認知的アプローチが挑戦状を叩きつけられたのである。それまで疎外感を感じていた研究者たちは

ファースとワグナーの研究に団結の拠り所を見つけた。つまり，自分たちの立場が軽視されてきた人たちが，今までに感じたことがないような力を与えられたのである。

(Larsen-Freeman, 2007, p. 773 著者訳)

4.2 エコロジカルアプローチ

ファースとワグナーの論文以降，認知主義とは異なる見方を探求するさまざまな新しい理論が生まれます。これらの新しい理論に共通した特徴として，第二言語習得は本質的に環境とは切り離せないという立場をとっています。これを「エコロジカルアプローチ（ecological approach）」といいます。

エコロジーの本来の意味は「ある有機体が別の有機体と接触するときの関係性」（エルンスト・ヘッケル，19世紀中頃のドイツの生物学者）ですが，今日では多くの分野で，デカルト以降の科学的合理主義とまったく異なる世界観を示す際に使われています。認知的アプローチは本質的に「人間中心」ですが，エコロジカルアプローチでは人間も環境の一部だと考えます。

このエコロジカルアプローチをSLAに応用すると，第二言語習得という現象がその環境を含めた「全体的」な状況の中で，習得（または学習）がどのように生まれてくるのかが重要になります。このように，人間と環境が1つの有機体だという東洋的ともいえる考えが，欧米の研究者から出てきたのはとても興味深い現象だと思います。

学習者と環境の関係に加えてもう1つ重要なポイントとして，学習者観の変化があります。ソーシャル・ターン以前は，どのような言語環境が与えられれば第二言語習得が効果的に進むかという視点しか存在せず，学習者の主体性（agency）はあまり考慮されてきませんでした。しかし，本人の主体的，意図的，能動的な関わりが第二言語学習の成果に大きな影響を与えることは間違いありません。また新しい言語を習得していくことは，その人の人生になんらかの影響を与える経験でもあります。これらの点については，次の第5章でさらに詳しく考えてみます。

4.3 エピステモロジカル・ダイバーシティ

ソーシャル・ターン以降，SLAは認知的アプローチという1つの立場が独占していたシンプルな時代から，多様な理論が乱立する混沌とした時代になっ

てきました。今後どのように進展していくか予測することは困難ですが、だからこそ SLA 研究はさらに活性化し、面白くなってきているといえます。

近年の SLA 研究における重要な考えとして、ローデス・オルテガ（Lourdes Ortega）は「エピステモロジカル・ダイバーシティ（epistemological diversity）」を挙げています（Ortega, 2012）。「エピステモロジー（epistemology）」とは本来、知識や認識の本質を解明しようとする哲学の一部門ですが、ここでは研究者が第二言語習得という現象を見ている世界観（あるいはレンズ）のようなものだと考えてみるとわかりやすいでしょう。レンズが異なると当然世界の見え方が変わってきます。見え方が異なると、私たちの世界の認識の仕方も変わり、解釈も、ひいては価値観まで変わってきます。つまり、エピステモロジカル・ダイバーシティのエッセンスは、多様な（＝ダイバーシティ）考え方や価値観の存在を認める姿勢にあります。

第二言語習得を観察するレンズが、これまでのように1つだけしか持っていない状態よりも、たくさんあったほうが、それぞれが影響を与え合い、結局はSLA 分野にとって、さらにはその研究成果を生かす教師や生徒たちにとっても有益であるという考えがエピステモロジカル・ダイバーシティです。

もちろんそれ以前も1つの分野の中でさまざまな立場やアプローチの違いはありました。しかしこれまで試みられてきたことは、どちらの理論が正しいのか、またはどうすれば両立できるような理論を構築できるかという議論でした。一方、エピステモロジカル・ダイバーシティでは、正しい唯一の理論を選ぶよりも、それぞれの違いを認めながら、共存していくことが大切だと考えています。いわば、一神教と多神教の違いのようなものです。

同じ第二言語現象を見ていても、各自の考え方、経験、文化的背景によってまったく異なって見えるものです。意見の相違はそもそも使っているレンズ（エピステモロジー＝認識論）の違いでしかなければ、議論はどこまでいっても平行線をたどるだけです。むしろ、議論を通して、違いはどこから生じるのか、自分の理論の弱いところはどのような点か理解することができれば、それぞれの理論を建設的に発展させていくことができます。

たとえていえば、海外の歴史や文化、考え方を知ることで、自分の幅を広げていくようなものです。海外に行ったからといって、それまで持っていた自分の考え（日本人であれば日本の歴史、社会に根ざしたもの）が完全に海外のものに置き換わってしまうということはないでしょう。むしろ、海外の文化を経験

することで，自分の持っていた常識が揺すぶられ，当然だと思い込んでいたことを一度ゆっくりと考えてみる機会になり，より深い考えを持てるように成長できるかもしれません。

この章で見てきたように，ピット・コーダー以来，認知的アプローチがSLAを大きく発展させてきたことは間違いありません。まだ生まれたばかりで未熟だったこの分野が成長していく発達過程では，1つのアプローチに集中することがもっとも効率的であったことは間違いないでしょう。

その一方，一極集中の姿勢でまい進していった先に異議を唱える考えが21世紀を目前に控えた時期から数多く登場したことは，SLAという分野の健全性も示しているように思います。異なるエピステモロジーを超えて，互いの立場を尊重し合いながら対話を続けていくことができれば，SLAのさまざまな現象についてさらに理解が深まるに違いありません。

❖第4節のポイント

- ✓ 第二言語習得の社会的・環境的側面を考慮した研究の必要性が認識されだしたことをソーシャル・ターンと呼ぶ。
- ✓ 環境を含めた全体的な状況の中で第二言語習得を理解しようとする姿勢を，エコロジカルアプローチと呼ぶ。
- ✓ 第二言語習得に対する多様な考え方や価値観の存在を認めることを，エピステモロジカル・ダイバーシティと呼ぶ。

読書案内

○村野井 仁（2006）『第二言語習得から見た効果的な英語学習法・指導法』第1章〜第4章，大修館書店
　認知的アプローチに立ったSLA研究について，習得プロセスから，インプット，インタラクション，アウトプットまで詳しく説明されています。また，各理論に基づく学習法についてもさまざまな提案がされています。

○パッツイ・M・ライトバウン，ニーナ・スパダ（2014）『言語はどのように学ばれるか——外国語学習・教育に生かす第二言語習得論』第2, 4章，岩波書店

世界中でもっとも読まれている第二言語習得の入門書の日本語訳です。幅広い内容が網羅されていますが，特に認知的アプローチに立った研究の紹介は充実しています。

❖ディスカッション・ポイント ··
- ☐ 自分やまわりの人が普段英語を使っている中で，不正確な使用をしている例を挙げ，それらが，間違い（mistakes）か，誤り（errors）であるか考えてみよう。
- ☐ 本章で紹介したインプット，インタラクション，アウトプットに関する理論に基づき，具体的にどのような方法で学習していけばいいか考えてみよう。

第5章
第二言語学習についての2つの見方
―― 認知的アプローチと社会的アプローチ

この章では「第二言語学習」について，複数の視点から異なった見方ができるということを説明します。その例として認知的アプローチと社会的アプローチを取り上げ，同じものや現象を異なる見方でとらえる方法を紹介していきます。

　この章でもっとも伝えたいことは，「ものごとは見方によって全然違って見えてくる」ということです。「ものの見方」はよく「アプローチ」と呼ばれます。本章でも2つのアプローチを紹介しますが，それぞれの内容を知ることよりも（それも大事ですが），「同じものなのに全然違うように見えるんだ！」ということを理解していただけたら嬉しいです。
　例えば，「木」にまつわる研究をするとします。ある研究者は木を切ってきて細かく分解し，木の細胞の研究をするかもしれません。他の研究者は一本の木がどのように成長するかを研究するかもしれません。また別の研究者は木がたくさん生えている森の環境について研究するかもしれません。すると同じ木についての研究なのに，木について得られる理解はまったく異なってきます。
　本章は「第二言語学習」について前章で紹介した認知的アプローチと本章で新たに紹介する社会的アプローチという2つのアプローチを対比することで，上の木の研究と同じことを説明したいと思います。この本ではこれまで「第二言語習得」と表記していましたが，本章

図5-1　異なる視点からの木の研究

森林環境　　木の成長　　木の細胞

は言語以外の側面も扱うので，「習得」よりも広い意味で使われる「学習」を使います。第二言語学習についてのアプローチは認知的アプローチや社会的アプローチ以外にも存在します。しかし，この2つはSLAではよく知られているので，これらに絞って説明したほうが「ものの見方」をよく伝えられると考えました。

また，著者ら自身はどちらかというと社会的アプローチのほうに共感しますが，どちらが良くてどちらが悪い，という価値判断をするつもりはありません。どのアプローチも「絶対良い，正しい」ということはありませんし，1つの対象についてさまざまなアプローチから研究するほうが理解が深まります。ですから，いろいろなアプローチが共存するのがよいと思います。第4章でも説明した通り，これをエピステモロジカル・ダイバーシティといいます。

　とはいえ，日本も含めた研究状況を考えますと認知的アプローチはかなり理解され研究も多いのですが，社会的アプローチはまだまだ少ないといえます。ですから本章では2つのアプローチに優劣をつけないものの，あまり理解の進んでいない社会的アプローチにより多くのページを割くこととします。

1 頭の中の世界と人間社会の世界

　認知的アプローチと社会的アプローチの違いは，大雑把にいえば前者が人間の頭の中に焦点を当てるのに対し，社会的アプローチは人間社会そのものに焦点を当てる点です。図5-2のような感じです。

　では，同じ第二言語学習をそれぞれのアプローチから見るとどのように見えるのでしょうか。

図5-2　認知的アプローチと社会的アプローチのイメージ

認知的アプローチ　vs　社会的アプローチ

1.1　認知的アプローチ

　第4章でも触れましたが，「認知」とは人が自分の外の世界について知覚したり，考えたり，判断したりする脳内活動のことです。認知的アプローチは第二言語学習を学習者1人1人の個別の問題としてとらえ，個々人が「第二言語能力」というものを頭の中に持っている，と考えます。そしてこの頭の中で起こることを主に問題にします。例えば，「第二言語能力の定義とは何か」，「第二言語能力はどうやって測定すればいいのか」，「初級学習者の第二言語語彙知識はどのくらいあるか」，「第二言語を使うとき，脳内でどのような処理が行われているか」などです。

認知的アプローチでは第二言語能力の「能力」を「コンピタンス（competence）」と呼ぶことがよくあります（日本語で「能力」といってしまうとabilityやproficiencyも能力ですし，ニュアンスが伝わりにくいのでここでは片仮名を使います）。このコンピタンスと対になっている概念が「パフォーマンス（performance）」です。コンピタンスは個々人の潜在的な能力のことで，パフォーマンスは実際の行為のことです。

　この区別はもともとはチョムスキーが導入したのですが，もとをたどれば言語学者のフェルディナン・ド・ソシュール（Ferdinand de Saussure）の「ラング（langue）／パロール（parole）」の区別に行きつきます。ラングとはある言語が持っている音や語彙，文法の規則の集合のことで，パロールは1人1人の人間が実際に話した言葉を指します。同様に，人間が持っている潜在的な能力（コンピタンス）はその人の実際の振る舞い（パフォーマンス）とは区別されます。

図5-3　コンピタンスとパフォーマンスのイメージ

　もう少しわかりやすく説明してみましょう。みなさんは第二言語（ここでは英語とします）の語彙や文法を一通り身につけたはずなのに，いざ英語を使おうとすると単語が出てこなかったり，言いたい内容を上手に表現できない，ということはありませんか？あるいは時と場合によって英語をスムーズに使えたり，全然使えなかったりということはないでしょうか。

　私（馬場）がカナダに住んでいるとき困ったのは，ひどく疲れているときに「どうしても口から英語が出てこない」状態になることでした。他にも緊張する発表のときなども全然うまく話せないな，と思ったこともあります。このように個々の状況で上手にできたりできなかったり，というのがパフォーマンスです。大雑把にいえば，「本来はこれくらいのことができる」というのがコンピタンスで，「その場の状況・条件に影響される振る舞い」がパフォーマンスです。

認知的アプローチではこのようにコンピタンスとパフォーマンスを区別し，コンピタンスの解明に力を注いできました。パフォーマンスは上の例のようにさまざまな影響を受けて毎回ブレがあります。それに対してコンピタンスは潜在能力ですから，より純粋で安定的だとされます。

　認知的アプローチでなぜパフォーマンスではなくてコンピタンスに注目したかというと，SLA も自然科学のようなれっきとした「科学」だと示したかったからだと思います。自然科学の分野では，研究対象に余計な要素は混じっていないほうがよいとされます。例えば塩の研究をするときは塩を結晶化して純粋な形にしてからその性質を研究します。間違っても海水から作られたミネラルなどを豊富に含んだ塩（料理の世界で粗塩と呼ばれるもの）を「塩」だとして研究しないでしょう。なぜならこの場合ミネラルなどは余計な要素ですから，純粋な塩の性質を知るのに邪魔になるからです。同様に，認知的アプローチではいろいろな要因に影響を受けるパフォーマンスではなく，「文法能力」などのようなコンピタンスという純粋な能力を研究しようとしたのです。

1.2　認知的アプローチから見たコミュニカティブ・コンピタンス

　そういうわけで，認知的アプローチから見ると第二言語学習は，「学習者個々人が自分のコミュニカティブ・コンピタンスを高めていくこと」ととらえられます。SLA で「コミュニカティブ・コンピタンス（communicative competence）」というと必ず名前が挙がるのが，古い順に Hymes (1972)，Canale & Swain (1980)，そして Bachman & Palmer (1996) の3組の研究者です。

　この3組の研究者たちはもはや SLA の古典とされているので紹介しましたが，彼らの主張の違いを説明することはこの章の目的からはずれるのでここではしません。重要なのは彼らのアプローチの性質を理解することです。そこで例としてバックマンとパルマーによる第二言語能力の定義を見てみましょう。

　バックマンとパルマーは1996年の論文でコミュニカティブ・コンピタンスのことをそれ以前のものと区別するために「言語コミュニケーション能力（communicative language ability）」と呼び変え，その内容を定義しました。これは「方略的能力（strategic competence）」と「言語知識（language knowledge）」からなります。方略的能力というのは，言語を使うのに必要なメタ認知能力のことを指しています。

　メタ認知というのは簡単にいえば「今考えていること」について「考える」

ということです。例えば、今私はこの文章を書いていますが、この場合のメタ認知は「文章を書くこと」について「毎日計画的に2, 3ページずつ書いていくべきかな?」とか「まず最初に章のアウトラインを書いたほうがいいかな?」などと考えることです。「書くこと」自体を一段上(メタ)の視点から眺めて考える、ということもできます。

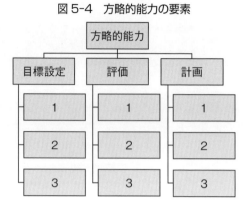

図5-4　方略的能力の要素

さらに彼らは方略的能力と言語知識を細かく掘り下げていきます。方略的能力は「目標の設定(goal setting)」、「評価(assessment)」、「計画(planning)」からなり、細かすぎて図には反映させていませんがそれぞれさらに3つの要素から成っています(図5-4)。

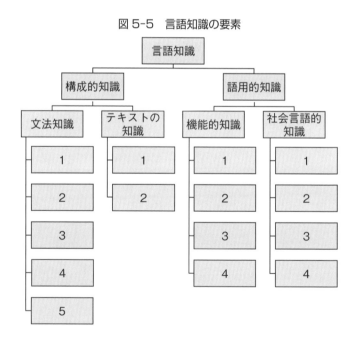

図5-5　言語知識の要素

そして言語知識はさらに多くの要素からなっており、図にすると前ページの図5-5の通りです。試験に出すからこれを全部覚えなさいといったら大学生のみなさんにはうんざりした顔をされそうなくらい細かいです。

　しかし、ここで注目したいのは2点だけです。1点目は、図を見て一目瞭然ですが、言語コミュニケーション能力をどんどん分解していき、そこに含まれる要素を特定することでこの能力が定義されている、ということです。このやり方は第4章でも触れたように「還元主義（reductionism）」と呼ばれます。

　2点目は言語コミュニケーション能力の2つの要素である言語知識と方略的能力の両方ともが1人の個人の知識だったり認知プロセスだということです。つまり、1人1人の人間の「内側」を見ているのです。

　すると、認知的アプローチにとっての第二言語学習とは、上の図に示されたさまざまな知識や能力を個人が習得していくこと、と考えられます。1人1人の学習者を入れ物に見立てれば、その入れ物へそれぞれの知識や能力を入れていく、というイメージです。

1.3　社会的アプローチ

　認知的アプローチが第二言語能力を個々人の能力ととらえ、それをそれぞれの要素に細分化していったのに対し、社会的アプローチは「第二言語能力」を取り出して分析する、ということはしません。そうではなく、その能力を持つ人自身も、その能力が使われるコンテクストも能力自体と切り離せないと考え、人も社会も含めた全体を見ていくのがこのアプローチの特徴です。

　認知的アプローチでは第二言語能力を考える際にコンピタンスとパフォーマンスを区別し、コンピタンスに焦点を当てる、と説明しました。一方社会的アプローチではこの2つを区別することはありません。社会における人々の振る舞いをそのまま分析します。言語に焦点を当てる場合でも、社会的コンテクストや人々のコミュニケーションも含めて考えていくのです。

　先ほど「緊張する発表のときにうまく話せない」という例を出しました。認知的アプローチだったら、このような場合は「この人は本来はすらすら話す能力（コンピタンス）を持っているのだから、この特定の場面でうまく話せないのは例外的なパフォーマンスである」として分析対象としません。

　しかし社会的アプローチでは「緊張する発表の場」というコンテクストと「そこで話す人の話し方」をすべてひっくるめて分析対象とします。例えば、

「緊張は話し方のどこにどのように現れているか」,「発表会場に誰がいるか(発表する人が緊張してしまうような上司や権力者がいないか),その人間関係はどうか」,「第二言語で発表しているならそこに文化的な要因が関係していないか」,といった点に着目します。「コミュニカティブ・コンピタンスとは何か」という問いを立て,その要素を特定しようとする認知的アプローチとは,研究の問いの立て方自体がまったく違うことがわかると思います。

では,社会的アプローチでは第二言語学習はどうとらえられるのでしょうか。先に説明した認知的アプローチの2つの特徴は,「還元主義であること」と「人間の内側を問題にすること」でした。すると第二言語学習は1人1人の学習者の中に語彙や文法などの知識が増えていったり,話すときの脳内処理の速度が上がったりということが「学習」とされます。それに対して社会的アプローチでは言語学習をその人の社会的(そして文化的)な変化ととらえます。図5-6のような感じです。

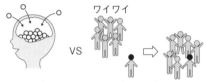

図5-6 認知的 vs 社会的アプローチによる第二言語学習

この図が示すように,社会的アプローチではもはや学習者の「能力自体」や「能力だけ」を取り出して,そこに焦点を当てることはしません。それよりも人間関係や文化・社会的な状況がどう変化したかといったことに着目します。

1.4 社会的アプローチから見た第二言語学習——食習慣の例

言語学習というと語彙や文法を覚えることのように考えがちですが,実際にコミュニケーションの中で言語を使うためには言葉の背景にある異文化体験や文化理解を一体として学ぶことが必要です。また,そもそも言葉は社会や文化と切り離すことができないので,その社会や文化に親しんでいなければ言葉で自然なコミュニケーションをすることもできません。

社会的アプローチではどのように研究するのかを具体的に見るために,外国の社会文化(第二言語も含まれる)学習についての研究を1つ紹介します。私は食べることが好きです。そして留学していたとき,文化は食べ物や食習慣,それにまつわることにかなり現れる,という体験もしました(このことについ

ては後述します)。そのことを研究したのがデュフォン (DuFon, 2006) です。彼女はさまざまな国からインドネシアに留学した人たちの「食べること」にまつわる変化を調査しました。彼らはインドネシア語を学びながらインドネシア人のホストファミリーと暮らし、食事を共にしていました。

　研究対象者の1人であるカイル君は、あるとき咳が出ていました。インドネシアでは冷たい飲み物は咳を悪化させると考えられているので、ホストファミリーはカイル君にそう指摘しました。すると彼はアメリカでは咳をするときは冷たいものを飲むのだと反論しました。

　結局、両者とも相手の言い分には納得しなかったようですが、少なくとも咳が出たときの対処法について異なる見解を持つ文化がある、ということに気づくことができました。この場では納得しなくとも、いつか相手の方法を試してみて、そちらのほうが効果的だと気づくこともあるかもしれません。

　例えば私の知り合いにイタリアに住んでいた人がいます。彼女は「風邪をひいたらイタリア人は肉を1キロくらい食べて治すんだよ」と教えてくれました。そのときはひどく驚いたのですが、その後風邪をひいたり体調が悪くなったりしたときに私も意識して肉を摂るようにしたところ (1キロは無理ですが)、治りが早くなることに気づきました。今ではこれは我が家の常識になっています。このようにして外国に住んでそこでその国の人と食事することで自分の食生活にも変化が現れることがあるのです。

　上述のカイル君はインドネシアでは食文化を大切にしていて、人生の楽しみの大事な一部だと考えられていることを学んだようです。留学後、以下のようなコメントをしました。

「僕の食習慣は変わりました。今やおいしいものは本当においしく感じます。自分の食べ物への見方は変わりました。より敬意を払うようになったのです。」

　デュフォンの研究のカイル君たちはインドネシア語を学ぶために留学していたので、語学力も上がったことでしょう。それとともに、彼らはインドネシア社会で社会・文化的な交流を持つことで人生観や生き方をも変えてしまうような経験をしたのです。この研究では第二言語でのやりとりを通じて、それぞれの社会や文化の特徴が明らかになっていることがわかります。

このように，社会的アプローチでは言語学習を言語だけに限定せず，包括的にとらえます。ですから「言語学習は社会学習だ」となるわけです。このアプローチをとると，「第二言語能力」だけに限定して見ていたときとは違う風景が見えてきます。

❖第1節のポイント

> ✓ 認知的アプローチと社会的アプローチでは第二言語学習をまったく違う視点でとらえる。
> ✓ 認知的アプローチではコンピタンスとパフォーマンスを区別し，コンピタンスに注目する。
> ✓ 認知的アプローチは第二言語能力を要素に分解することで理解しようとする。
> ✓ 社会的アプローチは第二言語学習を社会的コンテクストを含めて理解しようとする。
> ✓ 社会的アプローチから見れば，第二言語を学ぶことには，その社会を学び，それによって学習者が変化することも含まれる。

2　私のカナダ留学物語

　さらに社会的アプローチについて掘り下げていくため，ここからは私自身の留学体験をもとに説明したいと思います。人々に主観的に体験を語ってもらったものを分析することを「ナラティブ研究」といいます。この章は「研究」ではありませんが，ここではそのやり方に習い，物語を軸として話を進めることにします。

　これは私がカナダに留学していたときの話です。私のカナダでの指導教官は第二言語ライティングや言語評価の研究者であるアリスター・カミング先生（Alister Cumming）でした。博士課程も終わりのほうになり後は論文を書くだけになった頃，カミング先生から彼と奥さんのラジカ・サナウィ先生（Razika Sanaoui）が海外に行っている間，住み込みで猫の面倒を見てくれないか，といわれました。彼らは2人とも研究者だったので，7年ごとに研究休暇があり，その間海外に行って研究をするのです。それで留守の間飼っている猫の世話を

する人を探している，とのことでした。私は驚きつつも承諾して，彼らの家に引っ越ししました。

　最初の計画では彼らはずっと海外にいて，私は留守を守る，ということでしたが，急に計画が変更になったらしく，予定より長い間先生ご夫妻と私，そして猫とで同居することになりました。その間ほぼ毎日夕ご飯は3人で食べます。いつもご馳走になるのは申し訳ないので私もご飯を作り，しばらくすると3人交代でご飯を作る習慣ができました。

　私は人のために料理したことはあまりありませんでしたが，料理は一応できました（上手かどうかはともかくとして）。そのことをそのときほど「良かった！」と思ったことはありませんでした。なぜなら，料理を食べさせてもらったり，また自分も食事を用意したりすることが大変楽しく，私たちの関係を良いものにしたからです（先生夫妻がどう思われていたかはわかりませんが，たぶんそうだったと思います）。その理由は主に2つありました。1つ目は文化交流ができたこと，2つ目は役割分担とそれに伴うアイデンティティの変化のためです。

2.1　食を通じた文化交流

　まず，1点目については，3人が作る料理はまったく異なっていて，自然に料理を通じて文化交流をすることになりました。カミング先生はカナダ出身で，得意料理はバーベキューでした。しばしば小一時間かけて炭を起こし牛肉や羊肉などと一緒に野菜を焼いてくれました。サナウィ先生は北アフリカにルーツを持つフランス出身のフランス語母語話者でした。彼女はスパイスを効かせたフランス料理やモロッコ料理をよく作ってくれました。私は和食をよく作りました。

　先生夫妻の食事はどちらかというと野菜が多い，欧米の方としてはあっさりした内容であることが多かったように思いますが，何度も食べているうちに私は突如として「肉（魚の場合も）が主食で，パンは副菜だ」ということを理解しました。日本人にとってはご飯が主食なので，それを中心におかずを食べていきます。ところが先生夫妻（そしておそらく欧米の方の多く）にとって肉がそのご飯にあたり，そのため，肉の量が多めで味付けが薄いのだ，とわかりました。パンはむしろ副菜です。この発見のおかげで欧米文化をこれまでより一段深く理解できたような気持ちになりました。

また，先に紹介したデュフォンも指摘している通り，食というのはその文化を形作る重要な要素です。それは幼い頃から無意識に吸収する文化です。また，「食欲」という本能に直結する行為でもあり，デリケートな側面も持っています。

　私も先生宅で食事を作ってから「しまった！」と思うことが何度かありました。例えば，あるとき野菜の白和えを作ってみたのですが，日本人からすれば普通でも，見た目が非常に苦手に思われたらしく，先生夫妻には箸を付けてもらえませんでした。それで，そんなものを作ってしまって申し訳ないといたたまれない気持ちになりました。

　一方，カミング先生はあるとき私に配慮してソバを茹でそれでサラダ（と思われるもの）を作ってくれました。ところがソバを茹ですぎてぼそぼそになってしまい，自分でもあまりおいしくないと思われたのか，落ち込んでしまいました。それで奥さんのサナウィ先生と私で一生懸命慰めたのを覚えています。このように気を遣う場面はおそらくお互いにあったものの，異文化出身の人たちと日常的に食事を共にしたのは，今から思えば非常に貴重な経験でした。

　食という深いレベルの交流となると気を遣ったり，ショックを受けたり，綺麗ごとだけではすまされない部分はありながらも，私は言葉も含むカナダ（あるいは欧米）文化の成り立ちに触れたような気がしました。この深いレベルの共感のようなものが，単に言葉のやりとりを超えて人間関係も深めたのではないかと思います。

2.2　立ち位置（アイデンティティ）の変化

　先生夫妻との関係が親密になったもう1つの理由は，それによって自分のアイデンティティに変化があったと感じられたからです。客観的な証明はできませんが，私はこのことが間接的に自分の英語スピーキング力向上にもつながったと感じています。

　そもそもカミング先生と私の関係は，先生の授業を受講したり，博士研究の指導を受けたりといった一般的な先生と指導生の関係でした。客観的な事実としてカミング先生はすでに名声を確立された有名な研究者で，私の指導教官としての権力があり，白人かつ男性で年長者であり，そして英語のネイティブスピーカーでした。対する私は学生という不安定な身分で将来どうなるかもわからず，アジア人のしかも当時まだ20代の女性であった上に，英語を話すのが

かなり苦手でした。

　カミング先生がどんなに良い人物だったとしても（実際素晴らしい人格者ですが），そういった客観的な事実は変わりませんし，その事実が及ぼす影響も無視できません。ですから，私は博士研究の指導を受けるために先生の研究室へうかがうたび，毎回非常に緊張していました（もちろん，緊張した主な理由はそういった先生の属性のせいというよりも，研究の進捗状況に自信がなかったせいでもあります）。

　そういうわけでしたから，私が先生夫妻のお宅へ引っ越したとき，それはそれは緊張しました。私は猫のお世話をするために引っ越しをしたので，先生夫妻が不在のときは確かに自分の役割を果たせましたが，彼らがいる間はただの居候です。カミング先生に指導していただいている上に居候というのは，私にとってはなんだか常に申し訳ない気持ちがすることでした。

　そんな状況で料理が登場します。料理を交代で作る，ということはただの居候である私にもなんらかの貢献ができるということを意味しました。つまり，先生夫妻と生活するときの役割分担が少し変化したのです。それによって私は申し訳ない，という気持ちを軽減することができました。

　さらに，少なくとも和食については私のほうが知識も経験も豊富です。幸いカミング先生夫妻は好物が日本のうなぎというくらい和食好きな方々でした。作り方を教えたり，食材についてちょっとしたレクチャーをしたりと，この分野に限っては私のほうが詳しかったのです。これは二重の意味で嬉しいことでした。生活の中で何か私にも貢献できることがあると思えたこと，そして料理を通して私が生まれ育った「日本」の文化を認めてもらえたことです。

　このようにしてカミング家における私の立ち位置のようなもの（＝アイデンティティの一部）が変化すると，私は急におしゃべりになりました。今までは緊張と申し訳なさのあまり寡黙になっていたのが，徐々に先生ご夫妻とたくさん話せるようになりました。話すことに慣れたというのもありますが，人間関係に変化があって話しやすくなった，ということのほうが理由として大きかったと感じています。

❖第2節のポイント

- ✓ 「私」がカナダ人の先生夫妻と親しくなったのは互いに食事を用意することによる食の文化交流と，自分の役割を果たすことによるアイデンティティの変化のおかげである。
- ✓ アイデンティティの変化によって，先生夫妻と一層話しやすくなった。

3 アイデンティティ理論と第二言語習得

　このように言語学習を人間関係や社会的コンテクストの視点から見たのが，「アイデンティティ理論（Identity Theory）」を提唱したボニー・ノートン（Bony Norton）です。社会的アプローチにはノートンの理論以外にもたくさんありますが，SLA で特に有名なのがこのアイデンティティ理論と第9章で取り上げる「社会文化理論（Sociocultural Theory）」です。

　ノートンがアイデンティティ理論でやろうとしたことは，大雑把にいえば従来の研究で「動機づけ（motivation）」ととらえられていたものを「投資（investment）」ととらえ直す，ということです。第8章ではゾルタン・ドルニィエイ（Zoltán Dörnyei）による「第二言語動機づけの自己システム」を紹介しますが，問題となる現象は非常に似ています。ドルニィエイは動機づけを考える際に「その人自身」をその中心に置きました。それはノートンも同じです。

　両者の違いは，ドルニィエイのほうがどちらかというと一人の人の心理的な側面に着目しているのに対し，ノートンはその社会的側面を強調している点です。心理学では「その人自身」のことを「セルフ（self）」と呼び，社会学では「アイデンティティ」と呼びます。この2つは同じものを指しますが，「自分自身」のどの側面を強調するかによって呼び方が変わります。

図5-7　ノートン理論の全体図

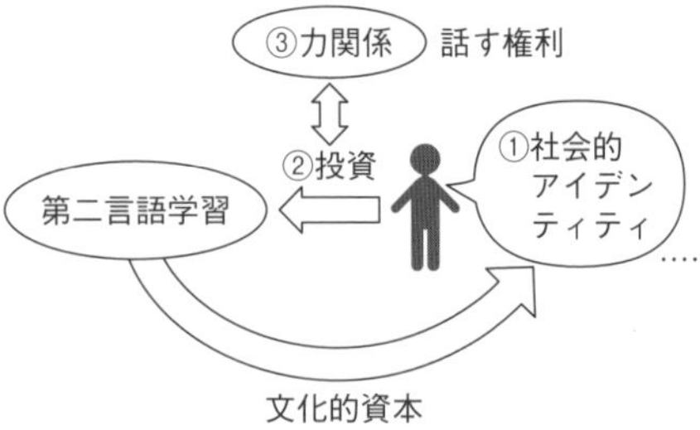

　ノートンのアイデンティティ理論では3つのものの関係を説

明しようとしました。それが①学習者のアイデンティティ，②第二言語学習への投資，③社会的コンテクスト（特に社会的力関係）です。この3つを図にすると図5-7のようになります。

それぞれの要素について，前節で紹介した「立ち位置の変化」のエピソードを用いつつ順番に説明していきましょう。

3.1 学習者のアイデンティティ

まず，学習者のアイデンティティについては，重要な前提が3つあります。1つは，アイデンティティは社会的なものだということです。アイデンティティという語は日本語にはもともと存在していませんし，日本人にとってあまり馴染のない概念なので説明が難しいのですが，試しに「私は誰だろう？」と考えてみてください。「私はかなり頑固で本が好きで，健康だ」と考えたとしましょう。確かにこれも自分の説明には違いありません。しかし，この説明はどちらかというと個人の内面的な特徴（＝セルフ）であって，対社会的ではありません。ですから，知らない人に自己紹介するような社会的な場面でもそのように伝えたら少し変な印象を与えてしまうかもしれません。

誰に自己紹介するかによりますが，例えば外国の方に自己紹介をするならば普通は「私は日本人で，XXという大学に通う大学生で，YYを勉強しています」などと言います。これはつまり「私は日本というコミュニティ，その中のXX大学というコミュニティ，そして経済学を勉強するコミュニティに所属しています」と社会における自分のポジションを明らかにすることで自分を説明しているのです。このように社会における人間関係（例えばどういうコミュニティに所属し，そこでどんな地位を占めるか）によって社会的なアイデンティティは形成されていきます。

アイデンティティの2つ目の前提は上の例からもわかるように，それが多面的だということです。例えば1人の人であっても日本人でもあり，大学生でもあり，カフェの店員であり，とさまざまな側面を持っています。このため，1人の人について話す場合でも，identityと単数形ではなくidentitiesと複数形で表記します。

例えば，ノートンはカナダへ移民してきた女性たちの研究を行いましたが，その中にマルティナという女性がいました。彼女には夫と3人の子どもがいて，一家全員でチェコスロバキアから移民しました。マルティナと夫はほとんど英

語が話せませんでしたが，子どもたちは移民する前に英語の訓練を受け，少し話せるようになっていました。そのため，移民してから何かあるとマルティナは長女に頼っていました。例えばカナダで仕事を探していたときも長女を連れて行って通訳してもらっていました。

しかし，マルティナは母親というアイデンティティの側面も持っていました。ですから子どもに迷惑をかけたくない，英語ができるようになってちゃんと子どもたちに母親らしいことをしたい，と強く思っていました。それで，英語を話せるように努力したのです。

移民してからしばらくして大家と賃貸契約のことで電話でもめたことがありました。それまでのマルティナだったら長女に話をさせたかもしれませんが，そのときは母親として堂々と大家と口論しました。マルティナの「母親」というアイデンティティは彼女の英語学習に有利に働きました。つまり，もしアイデンティティに1つの側面しかなかったら第二言語学習をあきらめてしまうような場合でも，アイデンティティに他の側面が存在することでがんばれることもあるのです。

アイデンティティの3つ目の前提はアイデンティティはどんどん変化していくものだ，ということです。国籍を変えるのはそう簡単にはできないかもしれませんが，大学を卒業したとか，所属しているサークルを変えたとか，そういう変化は常にあります。所属が変わるだけでなく，もっと細かいレベルでも友人関係に変化があったり，会社でのポジションが変化するなどもよくあります。すると必然的にアイデンティティも変化していきます。

もしアイデンティティが時間や場所で変化しないならば，第二言語学習への投資は意味がなくなります。なぜなら，次項で説明するように，どんなに投資してもアイデンティティの変化というリターンが得られないからです。

3.2 第二言語学習への投資とリターン

ノートンによれば，人が第二言語学習をしよう，つまり第二言語学習に投資をしようと考えるのは，その投資によってなんらかの物質的あるいは象徴的リソースを得ることができるとわかっているからです。この「物質的あるいは象徴的リソース」のことを，社会学者であるピエール・ブルデュー(Pierre Bourdieu)は「文化資本（cultural capital）」と呼びました。文化資本とは，それを持つことによってその社会の中で権力を得られたり，社会的地位が高くな

るもののことです。

　例えば学歴などはその一例です。学歴というものは目に見えませんが，もし特定の社会において良い学歴を持つことで高い社会的地位のある仕事に就くことができるのなら，それは文化資本です（しかし，もし学歴があっても良い仕事に就けない社会であった場合は，そこでは学歴は文化資本ではないことになります）。

　第二言語学習の場合でも，投資によってその人の持つ文化資本が変化することにともない社会的アイデンティティも変化していく，とノートンは考えました。その仕組みはこうです。

　ある人が第二言語学習に時間やエネルギーや資金を投資するとしましょう。例えば忙しい時間を割いて一生懸命英単語を覚えたり，積極的に英語で人と話をしたり，お金を払ってレッスンを受けたりします。なぜそうするかというと，その人は第二言語に習熟することで自分の文化資本が増すことがわかっているからです。文化資本というのは自分の社会的な力を増すもののことですから，当然その人のアイデンティティにも変化が起きます。それこそが，その人の得られる投資からのリターンなのです。

　一例として，私が以前関わったことのある学生の話を紹介しましょう。彼女は大学4年生のとき就職活動をして内定をとったのですが，その仕事をどうしてもやりたいとは思えませんでした。彼女にはもともと留学してゆくゆくは海外で働いてみたいという夢がありました。4年生の秋になってやっぱりその夢があきらめられないと私のところへ相談に来て，ではイギリスの大学院へ応募してみようということになりました。

　私が勤務していた大学から海外の大学院に応募する人はこれまで聞いたこともなく，彼女は英語がすごく得意というわけでもなかったので，最初は非現実的な夢のように思えました。ところが彼女は努力家で，大学院の入学資格を得るために一生懸命勉強し，入学基準の英語力を身につけるためにフィリピンに短期留学しました。これはノートンの理論における「投資」にあたります。

　その結果，彼女は2年目には希望するイギリスの大学院への入学を果たしました。この時点で彼女は「イギリスの正規の大学院生」というアイデンティティを手に入れたことになります。さらに2年後には「もうすぐ大学院を卒業します。今はイギリスで職を探しているところです。」という連絡をくれました。彼女はイギリスや他の国で働くことになるかもしれません。そうして今度は「海外の社会の中でYYという仕事をしている人」というアイデンティティ

を手にするのです。働き始めてからも,「イギリスの大学院卒業」という学歴は文化資本として彼女に有利に働くでしょう。これが彼女の投資からのリターンです。

3.3 社会的コンテクストと話す権利

アイデンティティは社会的なものですから,その変化は常に人との関わり(=社会的コンテクスト)の中で起きます。すると必然的に社会的コンテクストがアイデンティティの変化に影響を与えることになります。アイデンティティの変化には大きくて目につきやすい場合も,小さくてわかりにくいけれどもその人にとっては重要なものである場合もあります。しかしどんな変化であれ,さまざまな社会的コンテクストが影響します。

私がカナダで指導教官夫妻と同居した話を思い返してみてください。最初私は指導教官夫妻に対してさまざまな意味で弱い立場にありました。ところが毎日の食事を交代で作るようになり,その家庭における私の立ち位置,つまりアイデンティティが変化していくにつれて話がしやすくなっていった,と書きました。これをノートンの理論で説明すれば次のようになります。

まず,社会的立場が弱い者は発言が少ない,あるいは発言するのに心理的な壁があります。例えば,会社で上司と部下が話をするとき,たいていの場合上司が主に話し,部下は聞き役に回ると思います。サークルの先輩と後輩でも同じことがいえるでしょう。これは先輩の立場が上なのでより強い「話す権利 (the right to speak)」を持っているからです。このように考えれば,無意識にしろ先生夫妻の家での私の話す権利は最初の頃弱かったということになります (権利などと書くと物々しいですし,もちろん先生夫妻はなるべく私に話させようとしてくれました)。それが料理を作るなどの役割変化によってその家庭における社会的立場が変化し,それに従い私は徐々に話す権利を強め,それがさらにアイデンティティの変化を加速させていったと解釈できます。

この先生夫妻のお宅での話は平和そのものかもしれませんが,話す権利というものはもっと厳しい現実として現れることもあります。例えば,ノートンはエヴァという移民女性の話を紹介しています。エヴァはポーランドからカナダに移民し,レストランで働いていました。しかし自分は英語のネイティブスピーカーではないからと職場の同僚の会話には加わらず,同僚からも仲間として扱われていませんでした。つまり,その職場における彼女の話す権利は弱

かったのです。彼女を対等に扱わなかった同僚にも問題はありますが，彼女自身が自分は外国人だから話す権利がない，とあきらめてしまっていたことも問題でした。

　1年ほどたったある日，彼女は1人の客からこういわれました。「あなたはチップをたくさんもらうために外国語なまりで話しているのですか？」と。これはひどい侮辱です。レストランで働き始めた頃のエヴァなら悔し涙を流しつつも自分のなまりのある英語を恥じたことでしょう。

　しかし1年の職場経験の中で自分のアイデンティティを変化させていたエヴァはこう言い返しました。「このなまりがなければよかったと思いますよ。そしたらそんな（失礼な）コメントを聞くことはなかったでしょうから」と。つまり，こうしてきちんと言い返すことで「自分には話す権利がない」とあきらめるのではなく，「私にも話す権利がある」と主張できたのです。このように，母語話者のように流暢でなくとも「自分には話す権利があるのだ」と主張することも第二言語能力の一部なのではないでしょうか。

❖第3節のポイント

- ✓ ノートンのアイデンティティ理論における「投資」はドルニィエイの「動機づけ」と似ているが，ノートンは社会的側面に焦点を当てている。
- ✓ アイデンティティ理論には3つの柱がある。第一に，学習者のアイデンティティは社会的であり，多面的であり，変化していくものだということ。第二に，学習者は第二言語学習に投資をすることによって文化資本を獲得し，それによってアイデンティティの変化というリターンを得るということ。第三に，話す権利は社会的コンテクストによって影響を受けるが，学習者自身がその権利を主張することもでき，その主張する力も第二言語能力に含まれるということである。

読書案内

Atkinson, D. (Ed.). (2011). ***Alternative approaches to second language acquisition***. London: Routledge.
本章で紹介した社会的アプローチのように，SLA についての認知的アプローチ以外の様々なアプローチについて扱っている本です。

Norton Peirce, B. (1995). Social identity, investment, and language learning. *TESOL Quarterly, 29* (1), 9-31.
ノートンのアイデンティティ理論について書かれた論文です。本章にも登場したマルティナやエヴァについても書かれています。

❖ディスカッション・ポイント ……………………………………………

☐ もし第二言語習得の過程で，当該言語の文化や社会を学習したと感じた経験があれば挙げてみてください（クラスで体験をシェアすると盛り上がります）。

☐ 自分の第二言語学習を取り囲む社会的コンテクストはどうなっていますか？描写してみてください（まわりに英語で話す友人がいる，など）。もしそのコンテクストをより学習しやすいものに変えられるとしたら，どう変えたいか考えてみてください。できれば他の方と比較したり，アイディアを出し合ってみましょう。

第6章

第二言語習得研究と外国語教育
——タスク中心アプローチをめぐって

この章ではSLAの研究成果がどのように教育現場に生かそうとされてきたかについて見ていきます。外国語教育法の変遷，そしてSLAの研究成果から生まれたタスク中心アプローチについて説明します。

第4章ではSLAの始まりとされる1960年代後半から1990年代中頃までのおよそ30年間を，認知的アプローチを中心に概観しました。その中では教育的視点は少し脇に置き，第二言語習得プロセスに焦点を当てて見てきました。本章では外国語教育を中心に，SLAの研究成果がどのように教育現場に生かそうとされてきたかについて見ていきます。

本来SLAと教育は切っても切れない関係です。もともとSLAの祖であるピット・コーダーが学習者の誤りに注目したのも，外国語教育現場での観察からでした（詳しくは第4章参照）。そして1990年代ごろまでは移民や留学目的で英語圏に来た人たちの第二言語習得を対象とする研究が目立ちましたが，その後SLAの研究成果を外国語教育現場に生かそうとする「教育的第二言語習得（instructed SLA）」，または「教室内第二言語習得（classroom SLA）」と呼ばれる領域が急速に発展します。この章ではSLAの研究成果によって外国語教育方法がどのように変遷してきたのか，また現時点での到達点ともいえる「タスク中心アプローチ（task-based approach）」とはどのようなものであるか見ていきます。

1 文法重視からコミュニケーション重視へ——第二言語教育法の変遷

1.1 明示的学習と暗示的学習

教育的SLAでこれまで扱われてきたトピックは多岐に渡りますが，代表的なものの1つに「明示性の程度（degree of explicitness）」があります。「明示性」とはあまり日常的には聞き慣れない言葉ですが，簡単にいうと「学ぶべきポイントをどれくらいはっきりと明確に示すか」ということです。「三人称現在で

は -s を付ける」などのように，文法項目などをはっきりと伝える方法を「明示的学習（explicit learning）」といいます。一方，明確には伝えず，実践を通じて技能を習得するように，コミュニケーション活動に取り組みながら結果的に第二言語を身につけていく方法を「暗示的学習（implicit learning）」といいます。

　例えば，みなさんは子どもに遅刻するのはいけないことだと教えるのにどのような方法をとるでしょうか？もっとも一般的な方法は，遅刻した直後に叱って悪いことだと指摘することでしょう。さらにもう一歩踏み込んで，なぜ駄目なのか理由を説明する方法も考えられます。その他には，その時点では明確には問題点を指摘せず，本人が困った状況になるまで待って気づかせる方法も考えられます。

　最初の2つの方法ははっきりとポイントを示しているため明示的であるのに対して（2つ目は理由を説明しているのでさらに明示的といえます），3つ目の方法は暗示的です。その時点では明示的な方法のほうが効果を上げるかもしれませんが，長い目で見ると必ずしもそうとはいえないかもしれません。暗示的な方法を我慢強く続けることで，子どもが次第に自ら問題に気づき遅刻することがなくなれば，長期的にはむしろ効果的だといえます。

　このように，明示性と暗示性の問題は日常でもいろいろと思い当たることが多いのですが，教育現場においては（外国語教育以外では）通常あまり重視されてきませんでした。なぜなら，伝統的に学校教育は知識の伝授を明示的に行う場所だと考えられてきたからです。数学の公式も，社会の歴史の年号も，体育の跳び箱の飛び方も，先生たちはどのように教えるとわかりやすいか苦心しますが，暗示的に教えるという可能性についてはあまり考えないのではないかと思います。

　外国語教育だけが暗示的に教える方法を模索してきたのは，私たちが母語を暗示的に習得するからです。子どもたちは明示的に文法や語彙を教えられることなく，まわりの大人や友達とのやりとりを通じて自然に母語を習得します。母語が暗示的に習得されるのだから，第二言語も完全に暗示的に身につけるべきだと考える研究者もいます。しかし，私たちは大人になるにつれ暗示的に学習する力を次第に失っていく代わりに，明示的に学ぶ力を獲得していくことを忘れてはいけません。

　SLAはこの明示性と暗示性の問題にどのように取り組んできたのでしょう

か。その歴史を振り返ると、ある時は明示的に、またある時は暗示的に、そして現在では両者の間でバランスをとることが大切だと考えられています。ここからは教育的 SLA の移り変わりを、明示性と暗示性の視点から少し詳しく見ていきたいと思います。

　SLA の草創期においては、まず明示的から暗示的な教授法に変遷していった大きな流れがあります。先に述べたように、学校は知識の伝授を行う場所ですので、他教科と同じように外国語教育ももともとは明示的な方法で行われてきました。それが時代の変化とともに、次第に暗示的な教育方法を重視するように変わっていきます。ここでは、代表的な3つの教育方法を紹介し、どのように明示的教育から暗示的教育に変化していったかを見ていきましょう。

1.2　文法訳読式教授法

　「文法訳読式教授法（Grammar Translation Method）」は、その名の通り、文法ルールの理解を重視し、リーディングテキストを母語に訳しながら進める教授法です。日本では、この方法で英語を学んできたという方が多いでしょう。

　この教授法は長い歴史を持ちます。例えば 19 世紀のドイツではこの方法で外国語であるラテン語を教えていました。ラテン語は古代ローマ帝国時代の公用語で、19 世紀のドイツでは日常的に誰かとラテン語で会話をするという状況は想定されていませんでした。目的はあくまでヨーロッパ文化の源流である優れたラテン語の文献を読む力を身につけることでした。

　文法訳読式教授法は、19 世紀のドイツ人にとってのラテン語のように、対象言語を使ったコミュニケーションを目的としていない時代においてはもっとも理にかなった教授法でした。しかし、国際化が進み、対人コミュニケーションが重要な役割を担う時代には、外国の文献を読むだけでなく、自分の考えを文章で表現することや、実際に相手と会ってやりとりすることも必要です。このようなコミュニケーション能力を身につけるために、この方法では不十分だと多くの研究者が考えるようになりました。

1.3　オーディオリンガル・メソッド

　文法訳読式は外国語の文献を理解するなど書き言葉を対象としているのに対して、話し言葉を身につけようと始まったのが「オーディオリンガル・メソッド（Audiolingual Method）」です。これは心理学の行動主義を理論的基盤とし

て生まれました（行動主義については第2章参照）。オーディオリンガル・メソッドが生まれた20世紀中頃は、外国語を使ってコミュニケーションをする必要性が急速に高まり始めた時代でもありました。

　文法訳読式は特別な理論的基盤を持っていませんでしたが、オーディオリンガルは行動主義の「刺激→反応」による習慣形成を第二言語教育に応用する試みで、最初の科学的理論に基づく教授法とも呼ばれました。具体的には正しい習慣を形成するため、特定の言語構造を何度も繰り返し発声する方法がとられました。例えば以下のようなやりとりです。

　　教師：I play tennis.
　　生徒たち：（一緒に）I play tennis.
　　教師：You!
　　生徒たち：You play tennis.
　　教師：He!
　　生徒たち：He plays tennis.

　他にも"I, my, me, you, your, you, he, his, him …"と、人称代名詞を繰り返し覚えた経験を思い出される方も多いでしょう。何度も繰り返すことで、自動的に第二言語で反応できるようになることを目指すため、「丸暗記学習（rote learning）」とも呼ばれました。日本の英語教育にも大きな影響を与え、部分的には今でも多くの教育現場で使用され続けています。

1.4　コミュニカティブ教授法

　このような行動主義理論に基づく外国語教育では不十分だとしてSLAが誕生した経緯はすでに第4章で見た通りです。学習者はビルトイン・シラバスを持ち、必ずしも教えた順序で第二言語は発達するわけではないとして、できるだけ自然習得に近い方法で第二言語を使いながら身につけるのが良いと考えられるようになりました。こうして暗示的な方法である「コミュニカティブ教授法（communicative language teaching：CLT）」が登場しました。社会的には、英語圏の国々で移民が急増し、実用的なコミュニケーション力を効率的に習得する教育が求められるようになったことも影響しています。

　CLTはコミュニケーションに参加することが、第二言語習得を促進すると

いう考えに基づく教授法です。つまり，形式面での正確さよりも，まずは意味を伝達し，コミュニケーションの目的（「機能（function）」と呼ばれます）を達成できる能力を身につけることがCLTの目的です。

用語解説2 ❖ 言語の形式・意味・機能

　SLAでは言語は次の3つの要素から成り立つと考えられています。

・形式（form）
・意味（meaning）
・機能（function）

　形式とは，どのような綴りや発音で表すのか，またどのような文法ルールを持つのかを指します。文法訳読式教授法やオーディオリンガル・メソッドが重視したのはこの形式面の習得です。例えば，"go"という単語の"g-o"という綴りや，"goʊ"という発音，過去形は"went"になるという文法規則はすべて形式にあたります。それに対して，意味はその形式が表す内容で，"go"の場合は「行く」などのことを指します。

　基本的に言語を学ぶというと，この形式と意味をつなげて覚えることのみをイメージするかもしれませんが，実際にコミュニケーションを行うには3つ目の「機能」もあわせてマッチングさせることが不可欠です。機能とは，言葉を使って達成しようとする「コミュニケーションの目的（communicative purposeまたはfunction）」を指します。

　例えば，部屋の中が暑いのでエアコンをつけてほしいとき，英語でどのように言えばいいでしょうか？以下のようなさまざまな表現があります。

① Turn on the air conditioner.（エアコンをつけて。）
② Can you turn on the air conditioner?（エアコンをつけてくれますか？）
③ Would you mind turning on the air conditioner?（エアコンをつけていただけないでしょうか？）
④ I wonder if you would mind turning on the air conditioner.（エアコンをつけてくれないかな。）
⑤ It's very warm in this room.（この部屋はすごく暑いですね。）

すべての表現が「形式的」には正しく，基本的な意味は共通しています。しかし，どれが機能の面で考えたときにもっとも適切かは，時と場合と話し相手との関係によって変わります。例えば①の表現は，親子の間では適切でしょうが，初対面の人に対しては直接的で少し失礼でしょう。また③は丁寧ですが，親しい間柄で使うと不自然です。また⑤は命令形ではなく，平叙文を使っているためかなり間接的です。このように単に形式と意味を知っているだけでなく，コミュニケーションの目的を達成するために，どのように言葉を使うのが適切かという点がCLTでは重視されます。

CLTの大きな特徴の1つは，それまでの文法項目に基づく「言語的シラバス (linguistic syllabus)」から，「概念や機能に基づくシラバス (notional-functional syllabus)」に移行していることです。それまでは各回の授業は，例えば今回は現在形を取り上げ，次回は現在進行形を取り上げるなど，特定の文法構造を習得することを目標としてきました。しかし，CLTではある特定のコンテクストにおけるコミュニケーション活動（例えば，自己紹介，買い物）や機能（例えば，挨拶，要求，謝罪など）が毎回の授業で扱うテーマとなります。背後には，多くのSLA研究者が，チョムスキーの「言語能力」から「コミュニケーション能力」を重視する姿勢に変わってきたことが影響しています（コミュニケーション能力については第5章参照）。

用語解説3 ❖ 付随的学習と意図的学習

CLTのように，第二言語を使ってコミュニケーションを行うことを目的とし，その結果必要な言語能力を獲得する方法を「付随的学習 (incidental learning)」と呼びます。例えば，楽しみながら読書をする「多読 (extensive reading)」の場合，あくまで目的は読書を楽しむことですが，その結果さまざまな語彙を覚えているのはその一例です。

一方，学習者自身が，ある知識やスキルを獲得することを明確な目的として取り組む学習は「意図的学習 (intentional learning)」と呼ばれます。文法訳読式もオーディオリンガルも，ある文法構造の理解を目的として教えているため，意図的学習にあたります。

❖第1節のポイント
- ある言語項目を明確に説明する方法を明示的学習，言語に触れることを通じて結果的に第二言語を身につける方法を暗示的学習と呼ぶ。
- 外国語教育は，明示的な方法（文法訳読式）から暗示的な方法（コミュニカティブ教授法）に変わってきた。

2　再び文法重視へ

　第二言語であっても，母語のように「自然に」言語を習得しようとする方法は，確かにコミュニケーション能力を身につけるという目的のためにはもっとも理にかなった方法に思えます。しかし問題は，暗示的な方法で十分な第二言語コミュニケーション能力を身につけるまでには非常に時間がかかるということです。第2章で触れたように，子どもはかなりの時間を母語に囲まれて過ごします。同じだけのインプットを授業だけで確保することはほとんど不可能です。また大量のインプットを受けたとしても，イマージョン教育での観察から，アウトプット（スピーキングやライティング）においては母語話者の子どもと同じレベルに到達することは難しいこともわかってきました（第4章参照）。

　SLAのさまざまな研究結果を通して，子どもの母語習得と大人の第二言語習得の違いに注目する研究者も増えてきました。私たちは，大人になるに従って暗示的に学習することが難しくなりますが，その一方で認知能力が発達することで明示的に学習する力が向上していきます。外国語は早い時期から始めなくてはならないという風潮もありますが，この大人であることの利点を利用しない手はないでしょう。

2.1　シュミットの「気づき仮説」

　SLAの大きなターニングポイントになった研究がリチャード・シュミット（Richard Schmidt）の「気づき仮説（Noticing Hypothesis）」です。シュミットがこの説を提唱するきっかけになったのは，彼自身のポルトガル語の学習経験です。シュミットは第二言語であるポルトガル語を学ぶためブラジルに4カ月間滞在し，その期間自分の学習を振り返り，日記をつけ続けました。その中で，授業で習った文法項目が教室外で友人と話しているときに使用されていること

に気がつきます。

> 今週は（授業で）「未完了時制」を説明されドリルを行った。とても便利だ！（…）水曜日の夜，Aがカードゲームをしに来た。（…）彼の話にはそれまで，聞こえなかった（あるいは理解できなかった）「未完了時制」がたくさん使われていることに気づいた。それで，その晩は躊躇することなく自分でたくさんの未完了時制を使ってみた。すごく満足した！
>
> 　　　　　　　　　　（Schmidt & Frota, 1986, p. 258 より，著者訳）

　シュミットはこのような出来事をブラジル滞在中何度も経験し，まわりから得られるインプットの言語的特徴に気づくことが第二言語習得には不可欠だと考えるようになりました。「気づき」とは，ある特定の言語的形式に意識を向けることです。自分自身の日記の学習記録を分析した結果，大人の第二言語習得においてはある程度の「自発的な意識化」が不可欠であるとシュミットは主張しました。
　この「気づき仮説」は，文法訳読式も含めたあらゆる明示的学習を裏付けると解釈されることもあります。しかしシュミットの日記に立ち返ってみると，言語的特徴に対する気づきが自然な会話の中で起こっているという点がポイントです。おそらく非常にシンプルな文法規則（例えば三人称単数の-s）であれば明示的な説明を受けるだけで十分かもしれませんが，微妙なニュアンスを含む表現は，実際の会話の中で出会って初めて本当の意味を理解できることが多いでしょう。
　このような気づきの機会は，学習者が自分で気づく場合もあれば，対話者の言葉や教室での活動などがきっかけになることもあります。内的な気づきの機会を増やすには，学習者がたくさんの言語的知識を持つ必要があります（例えば，まったく何の知識もない言語を毎日聴き続けても，何かに気づくことは難しいでしょう）。その意味では，近い将来留学など英語を使う環境に行くのであれば，文法訳読式のようにかなり明示的な教授法で学ぶことも，それなりに効果的かもしれません。日記にあるように，シュミットもまた授業で明示的に未完了時制を学び，ドリル練習をしていました。

2.2　フォーカス・オン・フォーム

　気づきを促す外的な手段として会話（インタラクション）の機会があります。最初にインタラクション仮説（第4章）が考えられたときにはこの「気づき」については触れられていませんでしたが，マイケル・ロングはその後「インタラクション中に起こる意味交渉によって言語形式（フォーム）に注意が向けられる」と理論を拡大しました。

　ロングはこの考えをさらに教室での学習にも応用します。コミュニケーション重視の授業において「付随的に」発生した言語的形式に，学習者の注意を向けさせる方法を「フォーカス・オン・フォーム（focus on form：FonF「フォンフ」と読みます）」と呼び，その後多くの教育的SLA研究が生まれるきっかけとなりました。

　フォーカス・オン・フォームという言葉自体は「言語形式に焦点を当てる」という意味ですので，明示的な教育方法のように聞こえるかもしれません。しかし，実際にはこの方法は明示的方法と暗示的方法の中間に位置しています。ポイントは，まず意味重視のコミュニケーション活動を行っていることが大前提で，その活動から発生した言語的問題に「コミュニケーションを阻害しない」ように学習者の注意を「付随的に」向けるように誘導することです。そのため，最初から言語形式を強調する明示的な方法とは本質的に異なります。また，コミュニケーション活動だけで形式面にはほとんど注意を向けないCLTとも異なります。FonFが「第3のアプローチ」（和泉，2009）と呼ばれる所以です。

　FonFの背景には，ピット・コーダーのビルトイン・シラバスの伝統があります。学習者は教師やテキストのシラバスとは異なる「内的シラバス」を持っていると考えれば，学習者本人にとって必要な言語形式こそが，習得する準備の整ったものだと考えられるからです。

〇フォーカス・オン・フォームの実践——リキャスト

　FonFを実現するためにさまざまなテクニックがこれまで提案されてきましたが，ここではもっとも代表的な「リキャスト（recast）」を紹介します。「再び（re-）投げかける（cast）」という言葉の通り，教師が生徒の発話から問題点を「暗示的に」投げかける方法です。

　教師：Do you know what Stephen is doing?（ステファンは何をしているか知っ

　　　　ていますか？）
生徒：He vacation.（彼休暇。）
教師：He's on vacation.（彼は休暇中ですね。）
生徒：Yeah, on vacation.（ええ，休暇中です。）
教師：I see.（わかりました）

　この会話の中で生徒は文法的な間違いを犯していますが，教師に十分意味は通じています。教室外の世界の会話ではこのような場合，意味が理解される限りはおそらく訂正されることなく会話が継続されます。しかしここでは教師がリキャストと呼ばれる言い直しをすることによって，生徒が自分の発話の間違いに気づいたことがわかります。

　もちろん，教師はもっと明示的な方法で，いったん会話を中断して説明することもできますが（例えば "No, you should say, 'he's on vacation,' OK?"），あくまで暗示的に提示することで，会話の流れを途切れさせることなく，学習者自らが気づくように促すのがリキャストのねらいです。

❖第2節のポイント

- ✓ 第二言語習得にはある程度自発的な意識化が不可欠だとするのが，気づき仮説である。
- ✓ コミュニケーション中に生じた言語的問題に学習者の注意を向ける方法をフォーカス・オン・フォームと呼ぶ。

3　タスク中心アプローチの登場

　コミュニケーション活動を重視しながら，言語の形式面にも注意を向けようとするさまざまな試みが研究される中で「タスク中心アプローチ」が登場します（他にも task-based learning（TBL）や task-based language teaching（TBLT）などさまざまな呼ばれ方をしますが，ここでは「タスク中心アプローチ」と呼びます）。

3.1　「タスク」とは？

　タスク中心アプローチにおける「タスク」とは具体的にどのようなもので

しょうか？タスクという言葉は本来「やらなければいけない課題」という程度の意味ですが，SLA の研究ではもっと特別な意味を持っています。「何がタスクか？」はこれまでさまざまに議論され研究者の間でも定義は微妙に異なりますが，ここではおおよそ合意されている3つの特徴について説明したいと思います。

○タスクとは「ホリスティックな活動」である
　タスクであるための第一条件は，それが言語を使う「ホリスティック (holistic=全体的) な活動」である点です。例えば，私たちが日頃言葉を使うのはホリスティックな活動です。つまり，音声，語彙，文法，談話などのさまざまな言語レベルに分割することなく，コミュニケーションのためにすべてを統合して使用しています。

　同様に，タスクではまず言葉の形式面ではなく，意味に焦点を当てます。文法項目だけを切り離して（例えば，穴埋め，並べ替え問題など），その部分だけを集中的に訓練する，いわゆる文法練習はホリスティックな活動ではありません。

　ホリスティックな活動にはもう1つ重要な意味があります。「コミュニケーション」というと一般的には話すこと（スピーキング）を想定することが多いのですが，本来コミュニケーションとは話すことだけに限りません。書くこともそれを読む人とのコミュニケーションですし，読んだり聞いたりする受信スキルも，それを発信した人のメッセージを理解しようとするコミュニケーションです。そもそも，純粋に話すだけで成立するコミュニケーションはほとんどありません。話すためには，相手の言っていることを聞いて理解しなければいけませんし，何かを読んでそれについて話す場合もあります。したがって，タスクでは伝統的なスキルの区別（スピーキング，ライティング，リスニング，リーディング，文法，語彙，音声）はあまり意味を持たず，そういったさまざまな要素を統合的に使うことを重視します。

○タスクは達成すべき課題を持っている
　現実世界の活動のほとんどには，なんらかの達成すべき課題があります。例えば，初めて訪れた土地で道に迷ったときに誰かに尋ねるのは，目的地に到着する方法を知ることが目的です。それを達成するために私たちは言葉を使いま

す。

　同様に，生徒が課題を達成するようにデザインされ，そのために言語を使うのがタスクです。つまり，言語を使うことは目的 (ends) ではなく，手段 (means) なのです。例えば，授業でしばしば使用されるロールプレイは，学習したフレーズや語彙を使って言葉のやりとりを練習するだけでは達成すべき課題がないので，タスクではないと考えられています。

○タスクはフォーカス・オン・フォームと融合している

　コミュニケーションを目的として意味重視の活動を行うことはタスクの絶対条件ですが，それだけではバランス良く第二言語を発達させることはできません。タスクのもう１つ重要な特徴として，FonF との融合が挙げられます。タスク中心アプローチは歴史的には CLT の延長上に登場しましたので「タスク = CLT」と考えられることが多く，文法項目は一切触れずゲームをして楽しむだけの活動と勘違いされることがしばしばあります。しかし，CLT と多くの共通点を持ちながらも，決定的に異なっているのは，タスク中心アプローチが FonF の理論と研究成果を取り込んでいる点です。

　タスクでは，学習者はまずコミュニケーション活動に取り組みますが，その最中に（あるいはタスクの後に）タスク活動から生じた言語の形式面へ注意を向けるような要素が含まれています。タスクの中に言語形式面へ注意が向けられるように仕組まれている場合もありますし，リキャストのようにタスクを行っている過程で学習者が自分で（あるいは教師や友達から）注意を向けるように誘導される場合もあります。

3.2　タスクの例——"Things in pockets"

　タスクの中に最初から FonF が含まれている例として「ポケットの中の持ち物 ('Things in Pockets'=TIP)」と呼ばれるタスクを紹介します (Riggenbach & Samuda, 2000)。このタスクでは，忘れ物のコートのポケットの中に入っていたさまざまなものから持ち主がどのような人物か推測します（これが解決すべき課題です）。

　TIP タスクでは，ポイントとなる言語形式として「可能性」を表す表現の違いが含まれています。例えば，be 動詞を使えば話し手は 100% の確信を持っていることを示しますが，助動詞の must（違いない），can（だろう），may（か

もしれない）などを使うことで，異なる確信の程度を表現することができます。

TIP タスク

サンフランシスコからロンドンへの飛行機のフライトの後，座席にコートが忘れられているのが見つかりました。コートの中のポケットに入っていたものはすべて目の前に置かれています。持ち物からコートの持ち主についてどのようなことがわかるでしょうか？

まずはグループですべてのものをよく観察し，コートの持ち主がどんな人か情報交換をしてください。また，グループとしての考えをクラスの他の人たちに説明する準備をしておいてください。

自分の考えをまとめるために，確信の程度に応じて下の表を埋めていってください。例えば，もしコートの持ち主の名前について100%の確信があれば，右はじの列のところにその情報を書いてください。もしあまり自信がなければ左はじの列に，またかなり自信があれば真ん中の列に書いてください。

確信の程度	50%以下 (it's possible)	90% (it's probable)	100% (it's certain)
名前			
性別			
年齢			
婚姻			
職業			
趣味			
家族・友人			
習慣			
最近の活動			
その他			

このタスクを行う場合，生徒たちはこれらの語の意味はすでに知っていると

想定されていますが、タスクを通してこれらの表現が話し手の確信の度合いで使い分けられること（つまり機能）に気づかせることがねらいです。

3.3 「ワークプラン」と「プロセス」

TIPタスクを使ったヴァージニア・サムーダ（Virginia Samuda）の研究はタスク中心アプローチについて本質的な問題を提示しています（Samuda, 2001）。それは生徒たちはタスクが設計された通りにタスクに取り組んでくれるわけではないということです。

教師やタスク設計者が考えたタスクを「ワークプランとしてのタスク（task-as-workplan）」と呼び、実際に教室で使われたときの生徒たちの反応を「プロセスにおけるタスク（task-in-process）」と呼びます。ワークプランとプロセスはしばしば一致しません。サムーダの研究では、教室でこのTIPタスクを実施したとき、最初は設計者が意図したように生徒たちは反応しませんでした。しかし、教師がその場でさまざまな介入をすることによってタスクがうまく機能しました。このことは、タスクはただ与えるだけではなく、学習者の反応に応じて、教師が臨機応変に対応する必要性を示しています。

そもそも、批判されながらもいまだに文法訳読式教授法が世界中の教育現場で使われ続けているのも、ワークプラン／プロセス問題と大きく関わっています。例えば、文法訳読式教授法では教師が進行をすべてコントロールできますので、ワークプラン＝プロセスとすることが可能です。それに対して、生徒に多かれ少なかれ自由を与えるタスクでは、準備したワークプランの通りにプロセスが進まないことのほうが一般的でしょう。

3.4 スナップショット・アプローチ

タスク中心アプローチに関するさらに重要な問題として、タスクを長期的に実施したときに学習者の第二言語がどのように発達するか十分に検証されていない点があります。1つの授業は通常、半年から1年に渡って繰り返し実施されますので、タスクを使用した効果を見るためには長期的な検証が不可欠です。しかし、タスクの長期的研究は少なく、1回または数回だけの実施で効果を測定したものがほとんどです。このような方法は1枚だけ撮影した写真から判断するようなものなので、「スナップショット・アプローチ（snapshot approach）」とも呼ばれます。

もちろん，実際の授業で長期に渡って調査することの現実的な難しさがその理由の1つでしょう。しかしもう1つの大きな理由は，多くのタスクの研究が認知的アプローチに立っていることにあります。

　タスク中心アプローチはSLA独自の研究成果をベースに，明示的および暗示的学習の利点を兼ね備えた理想的な第二言語教育方法を求めて生まれました。ですから，タスク中心アプローチも認知的アプローチを理論的基盤としています。

　第5章で説明したように，認知的アプローチは全体を部分に分割可能だと考える還元主義の立場をとります。タスク中心アプローチでは「タスク」という小さなユニットを組み合わせることで，授業やカリキュラムを構成します。いくつかの小さなタスクを並べて一回の授業を構成する場合もあれば，1つのタスクを数回の授業に分けて段階的に行っていくこともできます。また，1つのタスクをさまざまな要素に分割することで，分割された各要素を調整して目の前の学習者に適切なタスクをデザインすることもできます。さらに，授業で使用したタスクと同じようなタスクをテストで使用することで，授業と評価を一体化することも試みられています。

　このように，カリキュラムの設定から，授業プラン，タスクの構成要素などさまざまなレベルまで分解することで，どの要素がどのように第二言語学習に影響を与えるのか，そのメカニズムについてさまざまな検証が行われてきました。つまり，タスクも学習者も要素に分解して，後から再び組み立て直すことができると考えれば，一部分を見るだけで十分ということになります。

　しかし，日々生徒たちに英語を教えている先生たちの実感はそれとは大きく異なります。あるクラスではうまくいったタスクが，別のクラスではうまくいかないことは日常的です。また，1回タスクを実施しただけではそれほど学習効果はなくても，繰り返し長期的に使用して次第に効果が現れることもあるでしょう。

　このようにワークプラン／プロセス問題は，しばしば「理論」と「実践」のギャップの問題としても取り上げられます。研究成果をもとに理論的に提案されたワークプランが，実際に教室で使ってみると，期待されたようにはうまくいかない場合もあるからです。これまで研究主導で突き進んできたタスク中心アプローチは，一度立ち止まって教育現場の複雑な状況をふまえた視点に立って考え直す時期に来ています。

3.5　エコロジカルアプローチから見たタスク

　タスク中心アプローチはさまざまな認知的アプローチの研究成果を貪欲に取り込むことで大きく発展してきました。認知的アプローチでは，人間の認知をコンピュータに例えることで，「Xというタスクを Y という条件で与えれば，学習者の Z という言語使用を引き出せる」という因果関係を解明しようとします。しかしすでに見たように，研究者がコントロールした環境から得たワークプランが，実際の教室で実施したときのプロセスと一致する保証はどこにもありません。

　このワークプラン／プロセス問題を乗り越える手がかりとして，第 4 章で紹介したエコロジカルアプローチからタスクを考えてみたいと思います。エコロジカルアプローチとは，人間と環境は本来分けることができず，互いに影響を与え合いながら変化していくと考える理論的枠組みです。

　エコロジカルアプローチの重要な概念の 1 つに「アフォーダンス（affordance）」があります。アフォーダンスとは，もともとアメリカの心理学者ジェームズ・ギブソン（James Gibson）によって作られた言葉で，「環境が有機体（人間，動物）に与える（アフォードする）可能性」を意味します。イメージとしては，環境と有機体の間にアフォーダンスという「場」が創造されると考えます（図 6-1）。つまり，アフォーダンスは，環境によって提供された活動の機会を指しています。

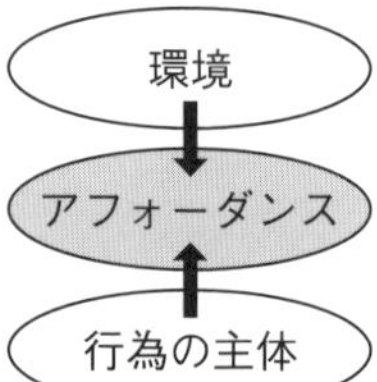

　これだけでは少しわかりにくいと思いますので，身近な例を挙げて説明してみましょう。先日，ある駅前に次ページの図 6-2 のような空間を見つけました。この場所でなんらかの行為をするとすれば，みなさんは何をしますか？もちろん，この環境が提供する可能性はさまざま考えられますが，もっとも自然な行為は「座る」ことでしょう。つまり，この場所は（椅子ではないのですが）「座る」ことをアフォードしているのです（このような形をしながら真ん中にポールを置いて座ることは禁止しているのは，アフォーダンスの観点から考えると不自然です）。

図 6-1　アフォーダンス

　アフォーダンスとは主体のなんらかの行動を引き出すものですが，重要なことは，決して行動を強制したり，限定するものではないということです。このスペースは，通りがかった人に座ることを強制しません。あくまで，座るとい

う行為を引き出す可能性を提供しているだけです。

可能性を提供しているだけですから，実際にはほとんどの人はそのまま通り過ぎてしまうでしょう。その一方，重い荷物を持って歩いてきた人がそこにくると，休憩するために座ろうとするかもしれません。つまり，その環境がどのように機能するかは，利用する人の能力や主体性などによって変化するのです。

図6-2 アフォーダンスの例

3.6 アフォーダンスとしてのタスク

このアフォーダンスの考えはタスク中心アプローチにどのような示唆を与えてくれるでしょうか？駅前のスペース＝タスクと考えると，タスクは決して生徒をコントロールしようとするものではなく，あくまでさまざまな可能性を提供しているだけです。つまり，同じタスクに対して生徒1人1人が自分の持っている能力や必要性に応じて，さまざまな第二言語使用が引き出されることこそが重要だと考えることができます。

タスクが作り出した学習環境は，個々の生徒と相互作用を起こします。この相互作用が起こる場がアフォーダンスです。同じタスクを使っても，生まれるアフォーダンスは生徒によって，また同じ生徒であってもその時々によって，まるで生き物のように変容します。

同じタスクに取り組んでも，ある生徒には英語を練習する機会になり，また他の生徒には自分の英語力不足を実感する機会になるかもしれません。また，第二言語を身につけたいと主体的に取り組んでいる生徒に，タスクはもっとも有効に機能してくれます。

例えば，著者らの研究では，大学1年生に同じライティングタスクを1年に渡って繰り返し実施した結果，1人1人の学習者はまったく異なる発達ルートを経て英語ライティング力を発達させていきました（Nitta & Baba, 2014）。それまでの研究のように，一度だけタスクを使って効果を測定すると，このタスクはほとんど効果がないという結論になってしまったでしょう。また，長期的に繰り返し使用しても，認知的アプローチが期待するような，均質的な効果が得られたわけでもありません。しかし，エコロジカルアプローチの視点から見

ると，同じタスクを繰り返すというシンプルな方法で多様な発達パタンが生まれたことこそがこの研究の重要な発見でした。

外国語を学ぶ教室には1人1人異なる英語力，興味，バックグラウンドを持った生徒たちが集まってきます。生徒の個別性を考慮すると，同じタスクを与えられても反応が異なるのは当然です。また同じ生徒でも，その時々によって反応が変わってくることもあります。つまり，均質的な効果を求めるよりも，多様性を許容し，それぞれの学習者が自分のペースと方法で第二言語を学習していく可能性を提供するものだと再解釈すれば，教育現場でさらにタスク中心アプローチを役立てていくことができるではないかと思います。

❖第3節のポイント

- ✓ タスクは，ホリスティックな活動であり，達成すべき課題を持ち，フォーカス・オン・フォームと融合している。
- ✓ タスク中心アプローチでは，ワークプランと実際の生徒たちの活動プロセスが一致しない問題がしばしば起こる。
- ✓ 生徒1人1人の多様性を許容し，それぞれの生徒の発達を促すものとしてタスクをとらえる必要がある。

読書案内

〇和泉伸一（2009）『フォーカス・オン・フォームを取り入れた新しい英語教育』大修館書店
  本章で取り上げたさまざまな第二言語教育アプローチについて詳しく説明されています。特に「フォーカス・オン・フォーム」については，理論的背景から，教室での実践までさまざまな例を挙げ詳細に説明されています。
〇松村昌紀（2012）『タスクを活用した英語授業のデザイン』大修館書店
  タスク中心アプローチの歴史的経緯から，主な研究，授業での実践方法まで，詳しく紹介されています。

❖ディスカッション・ポイント ・・

- [ ] これまで自分が受けてきた英語の授業が，どのような教授法・アプローチに基づいて行われて来たか，考えてみましょう。
- [ ] これまで授業（または授業以外）で英語を使ったときに，なんらかの「気づき」を経験したことはありますか？もしあれば，どのような状況で，どのような言語形式に気づいたか話し合ってみましょう。
- [ ] これまで教師または生徒として英語の授業で取り組んできたタスクについて考えてみましょう。もしうまくいかなかった点があれば，どのような工夫をすればもっとうまくいくか考えてみましょう。

第7章

どのような人が第二言語学習に向いているのか
──外国語適性とパーソナリティ

同じ英語の授業を受けていても,上達に差が生じるのはなぜでしょうか？生まれつき外国語学習に向いている人はいるのでしょうか？この章ではさまざまな個人差要因の中から,外国語適性と性格（パーソナリティ）が第二言語習得にどのような影響を与えるかについて考えます。

SLA 研究は大きく2つの種類に分けることができます。1つは多くの人に共通する普遍性を見つけようとする研究です。母語は誰もが同じようなプロセスを経て習得します（第2章）。また,第二言語でもある程度共通した習得プロセスがあることが知られていますし（第4章）,多くの人に効果を上げるような教授法・学習法についての研究も盛んに行われてきました（第6章）。

その一方,同じ英語の授業を受けていても,それぞれの成果は異なるのが一般的です。同じような環境にいても異なる結果がもたらされる原因は,1人1人が持つさまざまな個人差 (individual differences) にあります。私たちはそれぞれ,顔も,性格も,得意なことも,興味の対象も異なりますが,そうした無数にある個人差要因の中で何が第二言語学習の成果に決定的な影響を与えるのでしょうか？

SLA の個人差の研究は「良い言語学習者 (good language learners)」に関する調査から本格的に始まりました。ジョアン・ルービン (Joan Rubin) は学習成功者に共通する要因の中に第二言語習得成功のカギがあると考えました (Rubin, 1975)。ルービンの主な関心は効果的な学習方略 (learning strategies) を見つけることでしたが,この研究をきっかけに第二言語学習に影響を与えるさまざまな個人差要因が特定され,その後の研究に大きな影響を与えました。この章ではそれらの中から外国語適性とパーソナリティを取り上げます。

1 第二言語学習の成功は予測できるのか──外国語適性

みなさんは「語学の天才」に出会ったことがあるでしょうか。私（新多）が

イギリス留学中に知り会ったケニア人留学生は，大学院で法律を学びながら大学の国際交流課で窓口業務のアルバイトをしていましたが，訪問する学生の第一言語に合わせて，英語，フランス語，スペイン語，イタリア語，さらには日本語まで，数ヵ国語を流暢に使いわけて応対していました。同様の「語学の天才」の例は SLA の研究でも報告されています。CJ と呼ばれる白人の 29 歳の男性は，15 歳から学習を始めて，フランス語，ドイツ語，ラテン語，スペイン語，アラビア語を習得しました（Obler, 1989）。ケニア人留学生や CJ の外国語学習能力は例外的な例かもしれません。しかしこのような飛び抜けた才能でなくても，私たちのまわりには同じ授業を受けても外国語がたちまち上達する人と苦労する人がいるのは確かです。

さまざまな要因が影響を与えますが，中でも第二言語習得において重要な認知的能力は「外国語適性（foreign language aptitude）」と呼ばれています。外国語適性という言葉からは，性格や情緒面も含めた包括的な能力を指すような印象を受けますが，伝統的に SLA では認知的能力に絞って研究されてきました。

1.1 現代言語適性テスト

外国語適性の研究が本格化するのは，第二次世界大戦がきっかけでした。戦争中は敵国の情報収集が重要です。そのためには外国語適性が高い人を選び出して集中的にトレーニングするのが効率的と考え，アメリカ政府は外国語適性テスト開発を推進しました。戦後もテスト開発の支援は続き，1950 年代になってようやく信頼性のあるテストが生まれます。これがジョン・キャロル（John Carrol）らによって開発された「現代言語適性テスト（Modern Language Aptitude Test=MLAT「エムラット」と読みます）」です（Corroll & Sapon, 1959）。このテストはおよそ半年から1年程度の期間集中的に授業を受けることによって外国語を身につけられるかどうかを予測するためのテストです。

当時すでに学力を予測するテストとして IQ テストがありましたが，キャロルはそれだけでは外国語学習に成功するかどうかを予測することは難しいと考えました。確かに，数学や物理などがよくできる学力の高い人たちが必ずしも英語が得意というわけでもありませんし，他の教科は苦手でも英語は得意な人もいるはずです。

また外国語適性は生まれ持った才能のようなもので，生涯を通じてあまり変化しないとキャロルは考えていました。この点については「知能は一生を通じ

てあまり変わらないもの」と考える当時の知能観が影響しています。キャロルのこの考えは後の適性研究にも引き継がれましたが，はたして外国語適性が変化しない能力かどうかについては，後で考えてみたいと思います。

MLAT は外国語習得に重要な次の4つの能力を測定するといわれています。

(1)「音韻符号化能力（phonetic coding ability）」─音声を認識・記憶し，単語と結びつける能力
(2)「文法的感受性（grammatical sensitivity）」─文中の語の文法的役割を特定する能力
(3)「帰納的言語学習能力─（inductive language learning ability）」与えられた言語情報から文法ルールを推測する能力
(4)「暗記能力（rote memory capacity）」─母語の単語と目標言語の単語の意味をつなげて記憶する能力

1.2 外国語適性の3つの能力

MLAT が作られた 1950 年代は，決まった単語やフレーズを何度も繰り返すことで丸暗記するオーディオリンガルメソッド（第6章参照）が人気を集めていました。ですので，MLAT はこの教授法に基づいた授業を短期集中的に受講した場合の成功を予測すると考えられていました。しかしその後の研究で，その他のさまざまな教育方法や環境での成果もある程度予測できることがわかっています。こうした理由から，そもそも MLAT が測定していたのは，外国語学習全般に関わる本質的な能力を含んでいるのではないかと考えられるようになりました。

MLAT 以降，外国語適性の研究はあまり大きな進展がありませんでしたが，止まっていた時計の針が再び動き始めます。外国語適性研究の第一人者であるピーター・スキーアン（Peter Skehan）は，MLAT の測定能力をもとに，外国語適性の重要な能力として次の3つを提案しました（Skehan, 1989）。

・音声に関する能力（auditory ability）≒ MLAT の（1）
・言語分析能力（language analytic ability）≒ MLAT の（2）（3）
・記憶力（memory ability）≒ MLAT の（4）

言語はまず音声のつらなりですので、「音声に関する能力」が重要であることは間違いありません。例えば日本語に比べて英語はかなり幅広い音声体系を持っていますので、微妙な音素の違いを識別する力は、英語を習得するために重要な能力です。

　2つ目の能力としてスキーアンはMLATの文法に関する2つの能力を「言語分析能力」にまとめました。これは与えられた言語にどのような文法ルールがあるかを推測し分析する能力です。この言語分析能力が働くことで、教えられなくても母語の文法を習得することができると考えられます。

　最後の記憶力が外国語学習に重要であることに疑問を持つ人はいないでしょう。しかし単語をたくさん覚えるなど、通常私たちが考える「記憶力」よりもう少し大きな機能としてとらえる必要があります。MLATが作られた1950年代は記憶力＝丸暗記能力ととらえられていましたが、20世紀後半以降、認知心理学（cognitive psychology）と呼ばれる分野の研究が大きく進展し、記憶に対する考えが拡大しました。

1.3　短期記憶の役割

　日常的に私たちは「記憶」という言葉を、「頭の中に蓄えられた知識」という意味で使っています。このように長期間保存されている記憶は「長期記憶（long-term memory）」と呼ばれます。

　長期記憶に送られた記憶は一生涯に渡って保存されると考えられていますが（思い出すことができない記憶は、消去されてしまったのではなく、うまくアクセスできないためと考えられます）、これに対して数秒から数十秒間の短い時間だけ保存する記憶は「短期記憶（short-term memory）」と呼ばれています。短期記憶の前にはもっと短い1〜2秒間情報を保持する「感覚記憶（sensory memory）」があります。例えば、目を閉じると今まで見ていた残像が一瞬残ってすぐに消えてしまいますが、これが視覚の感覚記憶です。このとき注意をひいた情報が短期記憶に送られ、さらに短期記憶の情報の一部が長期記憶に送られます。

　この記憶システムの中で、私たちの基本的な認知活動は数十秒間の短期記憶の働きに支えられています。例えば、本を読みながら指示語（例えば「それ」など）が何を指すのかすぐにわかるのは、短期記憶が一時的に情報を保持してくれているからです。また、友人の話を聞きながら、一つながりのストーリー

として理解できるのも、それまでの内容が一時的に記憶されているからです。
　短期記憶は時間だけでなく保持できる情報量にも制限があります。例えば難しい講義を聴いたときのように、自分の知らない情報があまりに多いと短期記憶容量をオーバーしてしまいます。また簡単な内容の話でも、一度に複数の人の話を同時に理解することは難しいでしょう。聖徳太子は同時に誓願に来た10人の話を一度に聞いたという逸話がありますが、本当だとすると人並み外れた短期記憶能力の持ち主だったことになります。

1.4　ワーキングメモリ

　「短期記憶」という言葉は、情報を短期間「保持する」受動的な役割に焦点が当てられていますが、その後の研究でもっと能動的な役割があることがわかってきました。情報を一時的に「保持する」だけでなく、保持した情報を「処理する」役割を担う領域は「ワーキングメモリ（working memory）」と呼ばれています。
　ワーキングメモリはしばしば、机の上の「作業場（ワークスペース）」に例えられます。例えば何か模型を作るために、机の上に部品や工具を広げるとします。このとき机のスペースが狭いと、一度にすべての部品や工具を出しておくことができないため、作業をスムーズに進めることができません。一方、大きな机で作業スペースに余裕があれば、必要な工具や部品を整理して並べて、効率的に模型を作ることができます。作業机のスペースの大小が、1人1人が持つワーキングメモリ容量の違いのようなものだと考えられています。
　ワーキングメモリにはさまざまなモデルが提案されていますが、もっとも有名なアラン・バッドリー（Alan Baddeley）のモデルを簡略化したものを紹介します。次ページ図7-1の上の楕円形と真ん中の3つの四角形（灰色の部分）がワーキングメモリにあたります。
　図の中の真ん中の3つの四角形が記憶を一時的に保持する短期記憶にあたります。この図では、音声に関わる記憶と、視覚・空間的情報、さらに意味的情報を保持する領域が別々に存在することを示しています。
　一時的に情報を保持しているだけでは数十秒後にはすっかり忘れてしまいますが、保持した情報に意識的に注意を向けることで、短期記憶にある情報を長期記憶に送ることができます。この情報処理をしているのが、頂点にある楕円形の「中央実行系」です。例えば授業を聞きながら、過去の経験と結びつける

図 7-1 バッドリーのワーキングメモリモデル

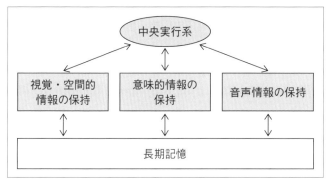

など印象づけられた情報は長期記憶に送られる可能性が高くなります。つまり，私たちが日常的に使う「記憶力が良い人」は，短期間保持した情報をしっかりと長期記憶に送ることができるように中央実行系が機能している人だということができます。

また，情報を受信するだけでなく，自ら発信する（つまり話したり書いたりする）ときにもワーキングメモリが活発に働いています。何か発話をするには，長期記憶から音声，語彙，文法などさまざまな情報をワーキングメモリに取り出してきて，組み合わせる必要があります。母語を話すときはほとんどのプロセスが自動化されているためあまり意識することはありませんが，外国語を話すときには文を組み立てたり，単語を思い出そうとしたりする作業を意識的に行うことが多いでしょう。まさにこのときに働いているのがワーキングメモリです。

1.5　ワーキングメモリと第二言語習得

このワーキングメモリ容量が，第二言語習得における認知プロセスを理解する重要なカギになると考えられています。ワーキングメモリ容量が大きいほど，より多くの情報を処理し，また効率的に長期記憶に送ることができますので，第二言語習得もよりスムーズに進むと考えられます。

これまでワーキングメモリと第二言語のさまざまな側面（リーディング，スピーキング，語彙習得など）の関係についてさまざまな研究が行われてきました。例えば，日本人英語学習者について調査した研究では，ワーキングメモリ

容量が大きい人ほどTOEFLのリーディングと文法セクションで高い得点を獲得していました（Harrington & Sawyer, 1992）。

第6章でも紹介したように、第二言語を習得するにはさまざまな言語的側面に「気づく」ことが大切ですが、ワーキングメモリ容量が大きいほど、気づきが起こりやすいと考えられます。マッケイら（Mackey et al., 2002）はより大きなワーキングメモリ容量を持っている生徒たちが、第二言語の会話中の気づきが多かったと報告しています。

他にも数多くの研究が行われ、ワーキングメモリが外国語適性の重要な要因の1つであることがわかっています。しかしほとんどの研究がワーキングメモリの中でも音韻能力の測定に限られ、ワーキングメモリ全体がその他の要素とどのように連携し第二言語を処理しているのか、まだ十分にはわかっていません。ワーキングメモリと第二言語習得の関係については、今後まだまだ研究の積み重ねが必要です。

1.6 適性と指導の相互作用

これまで外国語適性についてさまざまな研究成果を見てきました。私たちは「あの人は語学の才能がある」と簡単にいってしまいがちですが、外国語適性は多様な側面を持っています。MLATを開発したキャロルは4つの側面を上げていますし、ワーキングメモリの研究はその中の記憶の側面がさらに多くの要素から構成されていることを示しています。

さまざまな適性要素のすべてにおいて高い能力を持っていれば第二言語を容易に身につけられるかもしれませんが、例外的な才能に恵まれた人たちを除けば、私たちは優れた面と劣った面の両面を持っているはずです。大切なことは、自分の得意な面、苦手な面を理解した上で、それぞれを伸ばす（また克服する）方法を実践していくことでしょう。

適性と教育の関係については「適性と指導の相互作用（Aptitude-Treatment Interaction）」という考えがあります。これは各自が持っている適性と指導方法をうまくマッチングさせることで、効果を高めようとする考えです。

この「適性―指導」の関係の解明に取り組んだ有名な研究があります（Wesche, 1981）。この研究では受講者はオーディオリンガルメソッド、文法中心、コミュニケーション中心のいずれかの授業に割り当てられ、1年間フランス語を学習しました。その結果、適性と合致するアプローチに割り当てられた

学習者は良い成績を上げ，授業に対する満足度も高くなっていました。

またスキーアンはイギリス軍でアラビア語会話を学んでいる人たちを対象に，10週間の集中講義の結果と適性の関係を調査しました（Skehan, 1986）。その結果学習効果が上がっていたのは，言語分析能力か記憶力のいずれかが高い人で，両方の能力に秀でている人はほとんどいませんでした。この結果から，第二言語を身につけるルートには分析中心と記憶中心の2つあり，それぞれの強みを生かした学習を行うことで第二言語を身につけることができるとスキーアンは主張しています。

さらにもっと詳細に適性と指導方法の関係を研究しているのがピーター・ロビンソン（Peter Robinson）です。スキーアンは外国語適性を大きく「分析的能力」と「記憶能力」の2つに分けましたが，個人が持つ適性はもっとさまざまな要素の複合体＝「複合適性（aptitude complexes）」だと考えることもできます。

ロビンソンは，すでに見てきたようなさまざまな適性要素の組み合わせとマッチする膨大な指導方法を提案しています。その中の一例として，授業の中でリキャスト（recast）を用いた指導を行う場合を考えてみます。リキャストとは，学習者が間違った発話をした際に，暗示的な方法で，間違いに気づかせる指導方法です（詳しくは第6章参照）。

さまざまな研究でリキャストの効果についてはある程度実証されていますが，暗示的にほのめかすだけでは間違いに気づかない人もいるでしょう。ロビンソンは過去のさまざまな研究結果をもとに，リキャストが効果を上げる学習者は「第二言語と自分の言語の違いに気づく能力（noticing the gap）」と「発話を一時的に記憶する能力（memory for contingent speech）」に優れているとしています（図7-2参照）。

図7-2　リキャストに関する適性（Robinson, 2002 より作成）

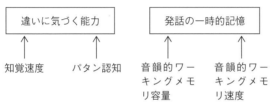

それらの能力はさらにいくつかの下位能力から構成されています。まずリキャストされた発話と自分の発話の違いに気づくためには，その違いを「素早く知覚」し，自分と相手の発話の「パタンの違いを認知」する能力が必要です。また，その情報を一時的に保持し，長期記憶に送るために「ワーキングメモリ容量」と「速度」も必要です。これらの能力が不十分な人には，リキャストを使った第二言語学習は，あまり有効ではないと考えられます。ロビンソンはこのように，外国語適性をさまざまなレベルの能力から構成される複合体ととらえ，学習者のさまざまな適性能力に最適な指導方法を用いることを提案しています。

1.7　外国語適性は変化しないのか

　すでに見てきたように，外国語適性の本格的な研究はキャロルのMLATから始まりました。当時キャロルが外国語適性をあまり変化しない認知的能力と定義したことで，その後の研究でも適性がどのように発達するかについてはあまり調査されてきませんでした。しかし，はたして外国語適性は変化しないのでしょうか？

　例えば心理学者のキャロル・ドウェック（Carol Dweck）は，私たちのものの見方（マインドセット）は，人間の能力は変えられないと信じている「固定的マインドセット（fixed mindset）」と，努力次第で変えることができると信じている「発展的マインドセット（growth mindset）」に大別できると主張しています（Dweck, 2006）。つまり，適性や知能が引き延ばせるかどうかは，マインドセットによって形成された信念によるという考えです。

　外国語適性の重要な一要素であるワーキングメモリ容量はある程度遺伝的傾向があると考えられてきましたが，最近ではワーキングメモリの働きを改善する方法にも注目が集まっています。最新のワーキングメモリの研究成果とトレーニング方法についてわかりやすく解説した『脳のワーキングメモリを鍛える！』（トレーシー・アロウェイ，ロス・アロウェイ）という本では，ワーキングメモリは輪ゴムにたとえて説明されています。つまり，輪ゴムの大きさには違いがありますが，どの輪ゴムにも伸縮性があり，使い方次第である程度大きくすることができるのです。

　経験によって適性がダイナミックに変化する可能性を示す研究もあります。Thompson (2013) は2つの言語を使用するバイリンガルと，3つ以上の言語

を使用するマルチリンガルの適性の違いを調査しました。その結果，たとえ非常に限られた経験であっても，多くの言語を学習しているマルチリンガルのほうが高い外国語適性を持っていました。さらにマルチリンガルの中でも，言語を使った経験にポジティブな印象を持っている人たちが，より高い適性を示していました。この研究結果は，過去の経験によって，外国語適性が変化する可能性を示しています。

　外国語適性は認知心理学の知見と研究手法を導入することで大きく発展してきましたが，今後は環境から影響を受けることでどのように変化するのか理解することも重要になっていくと考えられます。

❖第1節のポイント

- ✓ 第二言語習得に必要な認知的能力を外国語適性といい，それを測定するためのテストとして MLAT が開発された。
- ✓ 第二言語習得にはワーキングメモリが重要な役割を果たすと考えられている。
- ✓ 適性に合った指導を受けることで，より効果的に第二言語が身につけられると考えられている。

2　第二言語学習に向いた性格はあるのか──パーソナリティと第二言語習得

　外国語適性研究は認知的側面に焦点をあててきましたが，性格の研究ではまったく異なる視点から第二言語習得を考えます。これまで他の個人差要因と比べると性格が第二言語習得に与える影響はあまり大きくないと考えられてきましたが，今後は個人差研究全体を包括するものとして大きく進展していく可能性があります。まずは心理学および第二言語習得におけるこれまでの性格研究を概観していきましょう。

2.1　パーソナリティとは？

　私たちが個人差としてまず思い浮かべるのは性格ではないでしょうか。「○○さんはいつもやさしくて協力的だ」とか，「××さんは怒りっぽい」など，自分や他者を理解しようとする際，なんらかの性格的特徴を当てはめることが

よくあります。そのときに，これらの特徴は短期間ではあまり変化しないことが前提となっています。もし昨日と今日で性格が変わってしまう人がいると，「何かあったのかな？」と心配しますし，場面や相手によって変わる人は「二重人格」だと否定的にとらえられます。

このように「さまざまな場面において繰り返し起こる，感情，思考，行動の一貫したパタン」をパーソナリティ（personality）＝性格と呼びます。性格を意味する英語には他に「キャラクター（character）」もありますが，こちらは良い特徴というニュアンスを含んでいますので，中立的な意味を持つ「パーソナリティ」を一般的には使用します。

それぞれの人が持つある特定のパーソナリティは持って生まれた遺伝的なものでしょうか？それとも環境の影響が大きいのでしょうか？遺伝的に規定される性質は「気質（temperament）」と呼ばれています。持って生まれた気質を「土台」として，環境の影響を受けながら構築される「建物」にあたるのがパーソナリティです。

家を建てる場合，その場所の土台の性質（地盤の堅さ，面積など）は，その上にどのような建造物を建てることができるかに大きく影響します。30階建てのタワーマンションを建てようとすれば，それなりの広さと堅固さを持った土台が求められます。その一方，土台だけで建物が決まるわけではありません。まったく同じ土台であっても，その上には一定の制約の中でさまざまな種類の建造物が構築できます。同じように，遺伝による初期値（＝土台）に環境がさまざまな影響を与えることでパーソナリティ（＝建物）が形成されると考えられています。

2.2　外向性と内向性

パーソナリティ心理学の中でも古くから注目されてきた特性が「外向性（extroversion）」と「内向性（introversion）」です。これらの性格特性は，心の指向性が主に外の世界に向いているか，あるいは自分自身の中の思考や感情に向いているかを示します。外向性が高ければ，社交的で他者と一緒に考えることを好み，また野心的で積極的に活動する傾向があります。一方，内向性が高ければ，1人でじっくりと内省的に考えることを好む傾向があります。

実際に外向性傾向を持つ人と内向性傾向を持つ人の間では，脳内のさまざまな領域の働きの程度が遺伝的に異なっていると考えられています。刺激を受け

ると私たちの脳内ではドーパミンと呼ばれる快楽物質が放出されますが，内向性の高い人たちはドーパミン系脳領域に高い反応性を示します。そのため，過剰な興奮を抑えるため刺激を避ける行動をとるようになり，その結果内向的な思考や行動パタンが現れると考えられています。反対に，興奮がすぐに収まってしまう人たちは常に刺激を求めて行動するため，外向的な特性を持つようになります。

　遺伝的な脳内の反応性の違いは，生まれたばかりの赤ん坊にもすでに見られることがわかっています。発達心理学者のジェローム・ケーガン（Jerome Kegan）は生後4カ月の赤ん坊に新しい体験をさせ，それに対する子どもの反応性の違いを測定しました。その後11歳になった時点で同じ子どもたちの性格を測定すると，赤ん坊のときに高反応だった子どもは内向的に，低反応だった子どもは外向的な性格になる傾向が見られました（Kegan, 1998）。

2.3　どちらが第二言語学習に向いているか

　外向性が高ければ，他者と積極的にコミュニケーションをとろうとして第二言語の使用機会が多くなり，その結果，高い第二言語能力を獲得するように思えます。これまでの研究から，一般的には第二言語スピーキングにおいて外向性を持つ人が有利な傾向が見られますが，実際はもう少し複雑です。Dewaele & Furnham (2000) の研究では，リラックスした環境で話す場合には外向性と内向性の人たちの間であまり差が見られませんでしたが，テストのようなプレッシャーのある状況では，外向性の高い人たちのほうがより流暢に話すことができました。またライティングにおいては内向性を持つ人たちがより得意であるという結果が多く報告されています。これは反射的に応えるよりもじっくりと考えることを好む内向的性質が影響していると考えられます。これらの結果は，先に紹介した刺激に対する脳内の反応性の違いからも納得することができます。

　しかし，むしろ内向性の高い人たちのほうが高い第二言語スピーキング能力を得ていることを示す研究もあります。Ehman (2008) は，インタビューテストでアメリカ人の外国語学習者の性格について調査しました。その結果，「母語話者に近い」高いレベルの評価を受けた人たちには，「直感的で (intuitive)，論理的で (thinking)，かつ内向的な (introvert) 学習者のタイプ」がもっとも多かったと報告しています。

この結果はどのように解釈すればいいでしょうか？ 1つには，外向的な人は積極的にどんどんコミュニケーションをとろうとする一方，あまり間違いを気にせず，いつまでも不正確な発話を続けてしまう可能性があります。一方，内向的な人は，なかなか積極的なコミュニケーションがとれず最初のうちは苦労しますが，慎重に話そうとするため発話の細部に注意を向け，長期的には高いレベルに到達する可能性が高くなるかもしれません。

Ehmanの研究は，外向性という1つの側面だけでなく，他の特性との組み合わせによって初めてプラスに作用する可能性も示しています。さまざまな特性の複合体として1人のパーソナリティが形成されていると考えると，どの特性とどの特性の組み合わせが有利なのか知ることも興味深い点です。そこで次は，他の性格特性についても見ていきたいと思います。

2.4 ビッグファイブモデル

パーソナリティ研究は古くは古代ローマ時代にまでさかのぼることができますが，大きく進展したのは20世紀前半以降パーソナリティの語彙的研究が進んでからです。語彙的研究とは，言語に含まれる語彙（特に形容詞）を収集し，そこからどのような性格特性があるか調査する方法です。

私たちは日常的に思考，感情，行動を表現するために言葉を使いますので，その言語の中にはさまざまな性格を描写する語彙が含まれているはずです。まず，人の性格を描写する形容詞（例えば，明るい，まじめ，頑固など）を辞書から収集し，因子分析と呼ばれる統計手法を使って似た語をカテゴリー化していくと，最終的に5つの要素（因子）に集約されることがわかりました。

さまざまな研究者が同じような方法で性格の要素を特定してみたところ，多くの研究で繰り返し抽出される5つの因子が見つかりました。これが，性格を5つの要素から説明する「ビッグファイブモデル（Big Five Model）」（または「5因子モデル（Five-Factor Model）」）です。それぞれの特性の値を測定し組み合わせることで，私たちの性格を多面的かつ全体的にとらえることができます（図7-3）。

これらの5つの特性は年齢層ごとの違いも見られますが（例えば，年代が上がるにつれて「誠実性」が上昇するなど），1人1人が持つそれぞれの組み合わせの割合は年をとってもかなり安定しているといわれています。例えばSoldz & Vaillant（1999）は45年間に及ぶ研究で，大学卒業時のビッグファイブの特性

的傾向が, 67〜68歳時点の傾向とかなり共通していることを発見しました。つまり, 20歳ごろまでに形成されたパーソナリティは一生を通じてあまり変わることがないと考えられています。

図 7-3　ビッグファイブモデルの 5 つの性格側面

パーソナリティ特性	高い人の特徴	低い人の特徴
外向性 (Extraversion)	社交的, 熱中しやすい, 野心的, エネルギッシュ	よそよそしい, 物静か
神経質傾向 (Neuroticism)	情緒的不安定, ストレスを受けやすい, 心配性	情緒的安定, 楽観的, 人間関係に満足
誠実性 (Conscientiousness)	まじめさ, 計画的, 自己管理, 欲求をコントロール	衝動的, 不注意
調和性 (Agreeableness)	やさしさ, 信頼性, 共感的, 控えめ	非協力的, 敵対的, ねたみ, 身勝手
開放性 (Openness)	知的好奇心が強い, 創造的, 新しいものに対する興味	保守的, 現実的, 慣習的

2.5　ビッグファイブと第二言語習得

　パーソナリティ心理学ではビッグファイブモデルが登場した 1980 年代以降さまざまな研究が行われています。第二言語習得分野におけるビッグファイブを使った研究はまだあまり多くはありませんが, その中から代表的なものをいくつか紹介しましょう。

　Verhoeven & Vermeer（2002）はオランダに移住した両親の子どもたち（11〜13 歳）のコミュニケーション能力とビッグファイブを用いたパーソナリティ特性の関係を調査しました。子どもたちは幼稚園のときから生活言語であるオランダ語を使用していました。

　読者のみなさんは図 7-3 に示したビッグファイブのどの特性が高いコミュニケーション能力と関係していたと思いますか。私の大学の講義でこの質問をすると,「外向性」という答えが一番多く聞かれました。確かに, 外向性も高いコミュニケーション能力と関係していたのですが, この研究でもっとも高い関係性を示したのは「開放性」でした。

　開放性は「経験への開放性（Openness to Experience）」とも呼ばれます。こ

れは，さまざまなことを経験したい，またその経験から学ぼうとする意識の程度を示す特性です。開放性が新しいもの，多様で複雑なものに対して高い関心を示すのに対して，反対の「閉鎖性（closedness）」は，すでによく知っていること，単純なもの，現実的なものを好む傾向があります。海外留学では異なる生活習慣や文化に好奇心を持って積極的に吸収しようとするなど，開放性の高い人が高い英語力を身につけることを示す研究もあります（Bakalis & Joiner, 2004）。

外向性と似ているようにも思えますが，外向性が社会的成功を求める性質であるのに対して，開放性はもっと内発的に湧き出る自分の好奇心や探究心を追求しようとする特性です。開放性が脳の前頭葉の認知回路の効率性を反映していることを示す研究もあり，知性や創造性とも結びついていると考えられています。

一連の研究から，多言語を使用している人たちは一般的に開放性が高い傾向があることがわかっています。例えば，ポーランドからイギリスやアイルランドに移住した人たちを調査した研究では，開放性の高い人たちはより頻繁に英語を使用し，また自分の英語力に対する自己評価も高い傾向が見られました（Ozenska-Ponikwia & Dewaele, 2012）。

先に述べたように，パーソナリティは遺伝的要因と環境要因が互いに影響し合うことで形成されます。一般的にパーソナリティにおける遺伝的構成要素の比率は50%程度だといわれています。つまり，残りの半分は人生の初期に受ける経験が影響していることになります。

子ども時代に異文化環境で生活し複数の言語を使用した経験は，パーソナリティ形成に大きな影響を与えるでしょう。移民としてロンドンで暮らす10代の子どもたちの性格について調査した研究では，英語しか使わないイギリス人の子どもたちに比べ，移民の子どもたちのほうが高い開放性と文化的共感性がありました。その一方，移民の子どもたちは情緒的安定性が低い傾向がありました（Dewaele & van Oudenhoven, 2009）。つまり，子ども時代の異文化体験が大きなストレスを与え神経症傾向が高まりましたが，その経験を乗り越えることで開放性が発達し，異なる価値観を意識できるようになったと考えられます。

2.6 物語としてのアイデンティティ

確かにビッグファイブモデルはとても明快に私たちの性格を示してくれます

ので，特性（あるいは特性の組み合わせ）と第二言語習得の関係を理解するための便利なツールとして利用することができます。

その一方，外向性や開放性などを示す数値を断片的に並べるだけで，個人のパーソナリティの本質を理解することはできません。例えば，私の友人には外向的な人も，内向的な人もいますので，ビッグファイブのスコアだけで仲良くなれるかどうか判断することはできません。また，5つの各特性の組み合わせが非常に似た人が世界のどこかにいるかもしれませんが，この人たちがまったく同じ行動を選択し，同じような人生を送っているとは考えにくいでしょう。

通常，パーソナリティ特性を調べるには質問紙を使って数値に置き換えることで客観的に理解しようとしますが，パーソナリティ心理学のもう1つの大きな柱は，個人のアイデンティティの形成をその人が生きる主観的な物語の構築としてとらえるアプローチです。この方法ではさまざまな経験を一連のストーリーとして語ってもらうことで，個人のアイデンティティの特徴を質的にとらえようとします。

私たちは過去の経験を一つながりのストーリーとして記憶しています。過去の経験をつなげて大きな物語として統合することで，私たちは自分のアイデンティティを安定的に保つことができます。

例えば，過去の記憶に「練習ではうまくいかなかったけれど，本番では実力を発揮して良い結果を得られた」というエピソードがたくさんあれば，それらをひと続きにすることで「本番に強い自分」というアイデンティティが構築されるかもしれません。そこに新しい経験が加わったときには，この「本番に強い自分」と矛盾しないような解釈をします。つまり，誰もが自分の物語を構築し，その文脈の中で現実を解釈し，行動を決定し，また将来を予測しています。この自分の物語をライフストーリーといいます。私たちはライフストーリー（＝アイデンティティ）を構築することで，断片的な経験を1つに統合し，全体的視点から自分自身を理解することができるのです。

2.7 ニュー・ビッグファイブ

パーソナリティ特性と物語としてのアイデンティティはまったく異なる視点からパーソナリティをとらえようとしますが，両者を包括するアプローチとして，ダン・マックアダムズ（Dan McAdams）は3つのレベルから成る「ニュー・ビッグファイブ（New Big Five）」を提案しています（McAdams & Pals, 2006 な

図7-4 マックアダムズの「ニュー・ビッグファイブ」

レベル1：ビッグファイブに基づくパーソナリティ特性	生物学的事実	あまり変化しない
レベル2：特徴的な行動パタン	客観的事実	変化可能
レベル3：個人的なライフストーリー	主観的事実	大きな変化可能

ど：図7-4）。

　第1のレベルは，すでに紹介したビッグファイブモデルによるパーソナリティ特性です。このレベルでは個人の持つそれぞれの特性を一般化し，文脈から切り離して理解しています（例えば，「Aさんはすごく外向的だ」）。また，ビッグファイブの5つの特性については遺伝的影響と幼少期の経験が大きく影響しますので，その後の人生ではあまり大きくは変化しないと考えられます。

　第2のレベルは，それぞれの特性から生じる「特徴的な行動パタン」です。第1レベルで同じような特性を持っている人たちでも，実際にどのような行動をとるかは1人1人が持っている動機づけや目標，周りの環境などにより異なります。例えば，外向性の高い人が選ぶ仕事にはさまざまな選択肢があります。たくさんの人と会う営業職として力を発揮する場合もあれば，レストランでサービス係としてお客さんに積極的に話しかける人もいるでしょう。つまり，同じ外向的特質を持っていても，異なる目標や動機づけから影響を受けることで，選択する行動は無数の可能性があります。同じようなパーソナリティ特性を持っていても，まったく異なる人生を歩むことになるのはこのためです。

　3つ目は「個人的なライフストーリー」のレベルです。これは，自分が誰で，何をして，またなぜそれをしているかを自らに語る主観的なストーリー（ナラティブ）です。第2レベルで同じ出来事を経験しても，第3レベルではまったく異なる解釈をすることがあります。例えば，先ほど例に挙げた「本番に強い自分」では，たとえ同じような経験をしても「いつもしっかり準備しない」点を強調してしまい，ネガティブなアイデンティティを構築する人もいるかもし

れません。

　また，私たちは新しい経験を組み込みながら日々自分のライフストーリーを更新しています。すでに構築された既存のライフストーリーの枠組みで新しい経験は解釈されますので，普段は安定しています。しかし，自分のライフストーリーに矛盾する出来事が繰り返し起こったり，非常に大きな出来事を経験すると，これまでのライフストーリーが破綻して，再構築する必要に迫られます。このとき，過去の事実（第2レベル）は変わりませんが，過去の経験の持つ意味づけが変更され，まったく異なるライフストーリーが構築されていくことになります。

2.8　ニュー・ビッグファイブから見た第二言語習得

　このマックアダムズの「ニュー・ビッグファイブ」は第二言語習得におけるパーソナリティの研究にまったく新しい視点を提供してくれます。まず，これまでのパーソナリティ研究は，どのような性格特性が第二言語習得に有利か特定することを主な研究の目的としてきました。このような第1のレベルの研究は，パーソナリティをあまり変化しない安定的なものととらえ，それぞれの特性と第二言語習得の関係を詳細に理解しようとするものでした。

　一方，マックアダムズの「ニュー・ビッグファイブモデル」はより大きくダイナミックな視点から個人のパーソナリティをとらえようとします。特に第3レベルからのアプローチは，たとえレベル1の性格特性がほとんど変わらなくても，どのようにライフストーリーが変わり，それがどのような影響を第二言語習得に与えるのかとらえようとします。

　私がこれまで関わってきた大学生の中には，4年間で大きな成長を遂げた人たちがたくさんいましたが，この第3のレベルで自分のライフストーリーの再構築が起こったと考えるととても納得がいきます。特に海外留学の経験は，大きな心理的変化が起こるきっかけになることが多々あります。初めての長期的な海外での生活は，英語もなかなか通じず，日本と異なる習慣の中，それまでのライフストーリーを崩壊させるような経験の連続です。留学中彼らは授業や生活状況について報告書を毎月作成して大学に送ることになっていましたが，それを読むと留学中の心情的変化が手に取るように伝わってきます。留学当初はさまざまな苦労をしていますが，その壁を乗り越えることができると，数カ月後には英語を使って生きている自分という新しいライフストーリーを獲得

し，日本に帰って会ったときには見違えるように成長しています。

　第3のレベルからパーソナリティをとらえようとするアプローチは，自分自身の主観的解釈が想像以上に私たちの心や姿勢に影響を与えていることを教えてくれます。これまで心理学や第二言語習得研究では自然科学的なアプローチを採用し，数字を使った客観的なデータの分析を重視してきましたが，本来「主観的」である心を客観的にとらえようとすることには限界があります。今後は個人的なライフストーリーがどのように構築され，また何をきっかけに変化し，再構築されるのかを詳しく観察することが，パーソナリティと第二言語習得の関係を理解するカギになっていくと考えられます。

❖第2節のポイント

> ✓ パーソナリティを5つの因子からとらえるビッグファイブモデルにおいて，開放性と第二言語習得の関係が注目されている。
> ✓ 過去の経験に基づき，ひと続きのライフストーリーを創ることでアイデンティティが構築されている。今後は，第二言語学習経験を通じてどのようにアイデンティティが構築され，また変化するのか研究していく必要がある。

読書案内

○苧阪満里子（2002）『脳のメモ帳　ワーキングメモリ』新曜社
　第二言語習得に重要な役割を果たすと考えられているワーキングメモリについてわかりやすく説明されています。ワーキングメモリを測定する方法についても詳しく紹介されています。

○ダニエル・ネトル（2009）『パーソナリティを科学する　特性5因子であなたがわかる』白揚社
　ビッグファイブモデルについて詳しく説明されています。収録されている簡単な質問に答えることで，自分の特性についても知ることができます。

❖ディスカッション・ポイント ………………………………………
- ☐ 外国語適性は経験や努力によって変わることがあると思いますか？自分や友人の経験をもとに，自分の考えを説明してみましょう。
- ☐ 自分のライフストーリーが大きく変化した経験があるか考え，その経験が自分のやる気や行動にどのような影響を与えたか振り返ってみましょう。

第8章

どうすればやる気を持ち続けることができるのか
──第二言語動機づけ

第二言語の発達に与えるさまざまな個人差要因の中で，もっとも盛んに研究されてきたのが動機づけ（やる気，モチベーション）です。高い動機づけを長期間継続することは第二言語学習のカギとなります。本章では第二言語動機づけ研究を紹介しながら，どうすれば動機づけを高め，維持させることができるか考えます。

　第二言語の発達に影響を与えるさまざまな個人差要因の中で，これまでもっとも研究されてきたのが，動機づけ（やる気，モチベーション）です。
　第二言語は，数年から数十年の長期間にわたって学びますので，やる気を継続させることが絶対条件です。一度は燃え上がるようなやる気に溢れてもしばらくして冷めてしまっては，期待した目標を達成することはできません。反対に，少しうまくいかないことがあってもあきらめずやる気を持ち続けることができれば，次第に目標に近づいていきます。この章では，第二言語習得の動機づけ研究を紹介しながら，どのような動機づけを持てば，継続的に英語学習を続けていくことができるか考えます。

1　第二言語動機づけとは

　動機づけの重要さについて考えるときに，私（新多）がいつも思い出す格言があります。

　"You can take a horse to water but you can't make him drink".（馬を水飲み場まで連れて行くことはできるが，無理やりに飲ませることはできない。）

　馬を水飲み場に連れて行くように，自分の子どもや生徒に，大切なことを提示することはできます。しかし，それを実際に取り入れるかどうかは，本人に委ねられています。例えば，親が子どもに勉強を強制すると，確かに一時的には勉強を始めるかもしれませんが，しばらくすると勉強を放り出して遊び始

てしまうかもしれません。長期的な視点に立つと，外部からの強制力だけでうまくいくことはあまりなく，本人が学習する意味を見いだし，やる気が内側から湧き出てくることが大切です。

　私たちは「やる気」や「モチベーション」という言葉を日常的に使いますが，改めて意味を聞かれると説明するのは簡単ではないでしょう。動機づけ（motivation）は，「動く，動かす（move）」と同語源です。日本語の「動機づけ」にも「動く」という字が含まれています。このことから動機づけとは，何か選択するとき，行動を起こすとき，継続するときに人の心を動かすものと定義されています（Dörnyei & Ushioda, 2010）。例えば，他の外国語ではなく英語を「選択」し，英語を習得できるように「行動」し，それを「継続」していく，その一連の活動の原動力になるのが動機づけです。

　20世紀後半の第二言語動機づけ研究を主導したロバート・ガードナー（Robert Gardner）は，動機づけを認知，情緒，努力を統括する「エンジン・センター（engine center）」と呼びました（図8-1）。サッカーの司令塔がチーム全体をコントロールするように，動機づけが高ければ，認知，感情をコントロールし，エネルギーを注ぎ続けて，目の前の学習に集中して取り組むことができるというわけです。

図8-1　動機づけと認知・情緒・努力の関係

1.1　アニメ映画『風立ちぬ』に見る動機づけ

　高い動機づけを持った人物として思い出すのは，スタジオジブリ宮崎駿監督の最後の長編アニメ作品『風立ちぬ』で描かれた堀越二郎です。この映画は，動機づけという観点からも多くの示唆に富んでいます。

　二郎は「美しい飛行機を作りたい」という夢を追い求め，子どもの頃から寝食を忘れるほど飛行機の勉強にエネルギーを注ぎ続けます。先ほどのガードナーの言葉に当てはめると，強力な「エンジン・センター」を持ち，生涯に渡って美しい飛行機を作ることに力を注ぎ続けました。

　堀越二郎が生きたのは，昭和初期の日本がアメリカとの戦争に向かっていく時代です。ですので，ただ純粋に「美しい飛行機を作る」というわけにいきま

せん。その時代になんとか自分の夢を実現する現実的な手段として，次郎は日本軍のために戦闘機を作る会社に就職します。その後，当時の技術水準をはるかに超越する零戦という戦闘機を作り世界を驚かせますが，その途中には，関東大震災，スパイ容疑，妻である奈緒子の病気など多くの困難に遭遇します。映画では次郎は終始一貫して冷静で，感情の起伏をほとんど表しませんが，心中は決して穏やかではなかったでしょう。厳しい環境の中自分をコントロールし，「美しい飛行機を作る」という夢を持ち続け，精一杯生きた姿が描かれています。

1.2 マクロとミクロの動機づけ

この映画の中で動機づけの観点から注目したいのは，「美しい飛行機を作りたい」という大きな（マクロレベルの）動機づけと，日々の厳しい環境の中で，自分の気持ちと集中力を調整しながら，目の前のことに地道に取り組んで行ったミクロレベルの動機づけが，互いに影響を与え合っている点です。

マクロの動機づけは，各自の性格，社会からの影響，過去の経験の蓄積など，さまざまな要因の組み合わせから成る，特性的な動機づけです。長い時間をかけてできあがっていますから，あまり変化することがありません。

一方，周囲の環境やそのときの体調，気分などにより刻一刻と変化するミクロレベルの動機づけもあります。例えば，マクロレベルでは何事に対しても積極的でやる気の高い生徒が，ミクロレベルではある特定のクラスで担当の先生が苦手などの理由で消極的だったりすることがあります。また，いつもはやる気があるけれど，何か嫌なことがあったので今日の授業はやる気が出ない，ということもあるでしょう。

動機づけの研究で調査されてきた概念も，比較的安定的なマクロレベルの動機づけと，環境の影響を受けダイナミックに変化するミクロレベルの動機づけの2つに分けることができます。

どちらを重視するにせよ，これまでの動機づけ研究のほとんどは，マクロとミクロの動機づけを独立したものとしてとらえてきました。しかし，実際に両者は完全に独立しているわけではなく，お互いに影響を与え合います。マクロレベルで高い動機づけを持っていても，目の前のミクロレベルで落ち込むことが続けば，マクロの動機づけもだんだんと弱まっていくかもしれません。つまり，長期間学習を継続するためには，マクロとミクロの動機づけがバランスを

とりながら，それぞれが互いを補完し高め合う役割を果たし続けることが重要です。前出の堀越次郎のすごいところは，ミクロレベルではさまざまな困難があったにも関わらず，目の前の作業に集中し，断固として美しい飛行機を作るという大きな理想を持ち続けた点です。

❖第1節のポイント

> ✓ 動機づけとは，何かを選択するとき，行動を起こすとき，また継続するときに人の心を動かすものである。
> ✓ マクロの動機づけは，自分の性格，社会からの影響，過去の経験の蓄積など，様々な要因の組み合わせから構成される。
> ✓ ミクロの動機づけは，周囲の環境，またその時々の体調や気分によって変化する。

2 どのような動機づけが第二言語学習に役立つのか
——マクロレベルの動機づけ

　この章では，堀越次郎のようにマクロとミクロの動機づけのバランスを保つことの重要性を説明していきますが，まずは多くの研究者がこれまでもっとも力を注いで来たマクロレベルの動機づけについて紹介します。それから，最近の研究動向もふまえながら，マクロとミクロレベルの動機づけの相互作用について考えてみたいと思います。

2.1　第二言語コミュニティとの同化を求めて——統合的動機づけ

　第二言語の動機づけで忘れてはならないのが「統合的動機づけ（integrative motivation）」です。ガードナーがまだ学生時代に指導教官のウォレス・ランバート（Wallace Lambert）と一緒に提唱した統合的動機づけは，その後長きに渡って第二言語動機づけ研究を席巻しました（例えば Gardner & Lambert, 1972）。

　まず，彼らは第二言語を学習しようとする動機づけは，数学や社会など他の教科に対する動機づけとは本質的に異なると考えました。なぜなら，第二言語を話すということは，その言語を使用している社会の一員になるという側面が

あるからです。日本でも，英語圏の国や文化にとても興味があるから英語を勉強するという人はたくさんいます。このように「あるコミュニティに対するポジティブな気持ちから，その言語を学ぼうとする動機づけ」を統合的動機づけと呼びます。

一方，英語ができれば将来仕事に困らないからという理由で学習する場合もあります。ガードナーは，よりよい仕事や高い給料を得たいなどの功利的な理由から生じる動機づけを，「道具的動機づけ（instrumental motivation）」と呼びました。志望する大学の受験科目だからという理由で英語を勉強するのは道具的動機づけにあたります。

ガードナーが統合的動機づけに注目した背景には，彼がカナダ出身の研究者であったことが大きく影響しています。カナダは英語とフランス語のバイリンガル国家です。つまり，英語母語話者のカナダ人がフランス語を学習する際の動機づけを念頭に置いています。地域にもよりますが，カナダでは身近な友人や親戚の中にフランス語母語話者がいることが珍しくありません。こうした環境で第二言語を学ぶ場合は，コミュニケーションをする具体的な誰かが想定されていることがよくあります。第二言語を話す友人（あるいはコミュニティ）にポジティブな気持ちがあれば自然と学習にも熱が入りますが，もしネガティブな気持ちがあれば学習の障壁となります。つまり，身の回りに英語話者のコミュニティがあまりない日本とは，根本的に学習環境が異なっているのです。

2.2　自分で決めたから頑張れる——内発的動機づけ

統合的動機づけは第二言語習得分野で生まれた理論ですが，心理学における動機づけ理論も第二言語習得に導入されています。中でもエドワード・デシ（Edward Deci）とリチャード・ライアン（Richard Ryan）の「自己決定理論（Self-Determination Theory）」は，第二言語動機づけ研究に大きな影響を与えました。

自己決定理論はその言葉が示す通り，行動を自ら選択し決定することで，動機づけが自分の内部から湧き出ると考えます。具体的には，学習に対して自律的（autonomy）であり，自分はその学習を達成できる力を持っているという有能感（competency）を持ち，さらに他者との関係性（relevancy）を重視するときに，こうした自己決定的な行動がもっとも生まれやすいとしています。

自己決定理論の中心概念は，内発的動機づけと外発的動機づけです。「内発

的動機づけ（intrinsic motivation）」は，内面から湧き出る喜びや満足を求めて行動するのに対し，「外発的動機づけ（extrinsic motivation）」は外部から与えられた報酬や目的を達成する手段として行動するためのものです。例えば，英文を読んでいるときに，その内容が面白いから読んでいる（内発的）のと，宿題だからしかたなく読んでいる（外発的）のでは効果はまったく異なります。

内発的動機づけは，ガードナーの統合的動機づけと重なる部分があります。第二言語分野で発展してきた統合的動機づけと，心理学の内発的動機づけの関係について調査した研究（Noel, 2001）では，楽しみを求めて第二言語を学び，教室での活動に個人的な価値を置いている（つまり内発的に動機づけられている）学習者ほど，第二言語コミュニティの人たちと交流したい気持ちが強い（つまり統合的に動機づけられている）ことを報告しています。

2.3　グローバル時代の動機づけ——国際指向性

20世紀終わり頃から，統合的動機づけや内発的動機づけだけでは，必ずしも学習者の動機づけを説明できないと多くの研究者が考えるようになってきました。背景には，ヨーロッパにおける共産圏の崩壊により，英語が世界語として圧倒的な地位を獲得したこと，またアジア諸国の経済発展により，ネイティブスピーカー以外の人たちが話す英語も広く認知されるようになった点が挙げられます。Facebookなどを使った国際コミュニケーションの機会は爆発的に増加し，英語のノンネイティブスピーカー同士が，共通言語として英語を使ってコミュニケーションを行うことが当たり前になりました。つまり，アメリカやイギリスなどある特定のネイティブスピーカーのコミュニティに対する憧れだけでは，英語を学ぶ動機づけを説明することが難しくなりました。

例えば多くの日本人は具体的な英語話者がまわりにはいなくても，学校の授業やメディアを通じて漠然とした英語使用者像を持っています。日本を代表する第二言語動機づけ研究者の八島智子は，国際問題に関心を持ち，海外の人たちと交流したいという日本人に特徴的な姿勢を「国際指向性（international posture）」と呼びました。日本人学習者を調査した研究（Yashima, 2002）では，高い国際指向性持っているほど，動機づけが高く，また高い英語力を身につけていたことを報告しています。

こうした状況をふまえて，第二言語動機づけの第一人者であるゾルタン・ドルニィエイ（Zoltán Dörnyei）は，これまで伝統的に重視されてきた統合的動

機づけを，第二言語コミュニティへの同化という狭い意味ではなく，もっと広い概念として再定義する必要性を感じ，次に紹介する「理想とする第二言語使用者としての自己」を提唱しました。

2.4 自分の将来像をどのように想像するか

最近はアイデンティティを第二言語動機づけの中心的な問題として考える傾向があります。言葉を学ぶということは，単に情報伝達のツールとしてだけではなく，その言語文化に含まれている考え方を身につけることによって新たなアイデンティティを獲得することでもあります（第5章参照）。語彙と文法を理解するだけでは英語を日本語に翻訳するのが難しい理由は，まったく異なる歴史的，文化的背景を持つ両言語が，まったく異なる思考法を持っていることにも原因があります。

私たちは，母語であれ第二言語であれ，言葉を使って思考し，日常のほとんどのコミュニケーション活動を行いますから，言語は私たちのアイデンティティの重要な部分を占めています。したがって，第二言語を使ってコミュニケーションをする自分は，母語しか知らなかった自分とはさまざまな面で異なる自己を持っているはずです。

これまでの経験をもとに，自分自身を認識する枠組みを「自己概念（self-concept）」といいます。自分がどのような性格で，どのような能力があるかという自己概念は，どのような行動を選択するかに大きな影響を与えます。この自己概念と行動の関係を理解するためのカギとして「可能性のある自己イメージ（possible selves）」を紹介します。

そもそも「自分」とは一面的な存在でしょうか。まったく違う自分を持っていることは，「裏表がある」というように悪いイメージがつきまといますが，本来自分をたった1つの固定した像に決めつけることはできないでしょう。例えば，家族の前での自分，職場や学校での自分，恋人と一緒にいる自分は異なる自分であるはずです。家族の前で甘えている姿を職場や学校で見せたくはありません。またどんな人でも，自信に溢れているときもあれば，うまくいかず落ち込むときもあります。そのどちらも本来の自分の一側面であるはずです。

"selves" と複数になっている通り，自分とはさまざまな顔を持つセルフの複合体だと考えます。それが将来の（さまざまな）「可能性のある（possible）」姿です。もちろん将来の可能性は無数にありますが，ここでは便宜上3つに分

類して考えます。

　もっとも想像しやすいのは，今のまま進んでいけば，到達する可能性のもっとも高い自分の姿（what we might become）です。私たちはこれまでの経験から，自分の能力にある一定の評価をしています。今の自分の力なら，このくらいはおそらく達成できるだろうという既定の路線です。

　次に，今のままでは簡単ではないけれど，がんばって到達したいと思い，またがんばれば到達できるかもしれない自分の姿（what we would like to become）もあります。今の自分の力では難しいように思えても，もう少し努力すれば実現できるかもしれない姿です。

　最後は，あってほしくはないけれど，可能性がゼロではない最悪のシナリオ（what we are afraid of）です。今のままの生活を続け，やるべきことを先送りにしていると，卒業するときに就職先が見つからないかもしれないなど，誰もが心のどこかで抱いている不安な将来の姿です。

　いずれの姿もまだ現実に起こっていませんが，どの「将来像」を思い浮かべるかによって，現在取り組んでいる目の前の行動に大きな影響を与えます。心理学者のアン・ルボロ（Ann Ruvolo）とヘーゼル・マーカス（Hazel Markus）の研究では，大学生に成功している姿と失敗している姿をそれぞれ想像しながら学習を行ってもらったところ，成功をイメージしている学生のほうが良いパフォーマンスをしたという結果を得ています（Ruvolo & Markus, 1992）。つまり，頭の中でどのような将来像を思い描くかによって，現在の自分の動機づけと行動に重要な影響を与えるのです。

　この現象をトニー・ヒギンス（Tony Higgins）は「自己不一致理論（self-discrepancy theory）」で説明しています。つまり，私たちは将来の自分の姿と現在の姿とのギャップ（不一致）があるとき，なんとかそのギャップを埋めようとする衝動に駆られて行動するのです（Higgins, 1987）。

　『風立ちぬ』の主人公，堀越次郎の美しい飛行機を作りたいという（将来の）夢は，少年時代の彼の（眠っているときの）夢にも登場します。その夢の中で，美しい飛行機を完成させ，彼が憧れるイタリア人技師カプローニから賞賛される様子を鮮明に夢想します。この強烈なイマジネーションが，その後の彼の飛行機技術者としての世界一美しい飛行機を作る道のりの牽引役になったのかもしれません。

　現実とイマジネーションは，頭の中で投影されている点においては，本質的

に変わりがありません。つまり，現実にはまだ起こっていないことでも，鮮明に想像することができれば，現実に目の前で起こっていることと，脳内の現象としてはほとんど違いがありません。そのくらいイマジネーションは強力なのです。

2.5 第二言語動機づけの自己システム

こうした理論を基盤として，また統合的動機づけや自己決定理論など，さまざまな動機づけ研究を統合する新しいモデルとして，ドルニィエイは「第二言語動機づけの自己システム（L2 Motivational Self System）」を提唱しました（Dörnyei, 2009）。「システム」というと私たちが日常的に使う日本語のニュアンスでは，機械的あるいは組織的なシステムなど，無機的な印象を受けますが，ここでは「さまざまな要素が有機的に1つにまとまって存在している系」というシステム本来の意味でとらえます。つまり，図8-2が示す通り，個人の動機づけ全体を，3つの要素から成る1つの統一したシステムと考えています。

図8-2 第二言語動機づけの自己システム

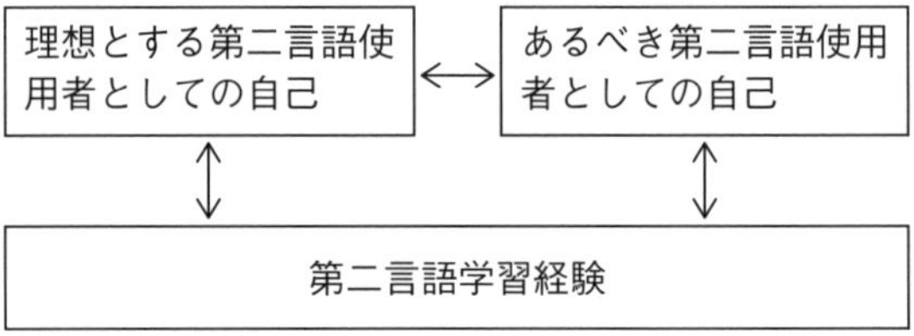

```
┌──────────────┐     ┌──────────────┐
│理想とする第二言語使│ ↔ │あるべき第二言語使│
│用者としての自己  │     │用者としての自己 │
└──────────────┘     └──────────────┘
        ↕                    ↕
┌────────────────────────────────┐
│       第二言語学習経験          │
└────────────────────────────────┘
```

「理想とする第二言語使用者としての自己（ideal L2 self）」は，自分自身が思い描く可能性のある将来像の理想的な姿です。大きな仕事を達成する人たちは，具体的な理想像を持っていることがよくあります。最初から明確な理想像を持っている場合もいれば，漠然としていたイメージだったのが，次第に具体的な理想像に変わっていく場合もあります。例えば，スティーブ・ジョブズのように人々を熱狂させるようなスピーチに憧れ，英語のネイティブスピーカーを理想像とする場合もあれば，日本人なまりの英語で堂々と意見を主張する外交官を理想とする人もいるかもしれません。また，多くのプロサッカー選手が少年時代に憧れた『キャプテン翼』のように，架空の人物が理想像となることもあります。統合的動機づけでは，現実の第二言語文化やコミュニティと同一

化しようとすることが動機づけに影響を与えたのに対して，理想とする自己では，将来の理想像と同一化することが，動機づけの源泉と考えられています。

　また，道具的動機づけであっても，他者から強制されたものでなく自分の中に取り込まれていれば，理想とする将来像の一部となることがあります。もともとは仕事のためにしかたなく英語の学習を始めても，自ら進んで取り組んでいると，理想とする自己の将来像の一部となりえます。

　2つ目の「あるべき第二言語使用者としての自己（ought-to L2 self）」は，まわりから求められている（と自分が信じている）将来の自己イメージです。言い換えれば，他者のビジョンが自己に投影されている状態です。例えば，まわりの友達が英語を勉強するのは格好悪いと考えていれば，それに合わせてしまって「英語ができない自分」を将来像として思い描いてしまうかもしれません。また「日本人は英語が苦手」と信じることで，知らない間に「あるべき姿」として，英語下手な（つまり英語の学習を怠けてしまってもいい）自分の姿に引き寄せられている可能性もあります。

　さらに，英語をがんばって学習していても，それが本人の意思ではなくまわりから求められている場合もあります。例えば，会社が急に外資系に代わり英語検定試験の高得点を求められる状況で，自分の意思ではなく会社（他者）から強制されていると感じているなら，「あるべき第二言語使用者としての自己」となります。

　図8-2の矢印が示すように，理想的な将来像と他者から強制された将来像は互いに影響を与え合います。例えば，英語ができるようになりたいという理想像を持ちながらも，まわりの「英語を勉強しない」圧力に屈してしまい，理想像を失ってしまうこともあります。

　また一方から他方へ変化することもあります。例えば，最初は会社から求められて英語を学習していたのが，次第に面白くなり自分の理想像となるかもしれません。あるいは，最初は英語を身につけたいと思い大学で英語を専攻することにしたけれど，途中で挫折してしまい，今では卒業のために必要最小限の勉強だけをしているケースも考えられます。

　これら2つの要素については，先に紹介したガードナーの統合的動機づけと本質的に大きな違いはありません。簡単にいえば，統合的動機づけと道具的動機づけを再構築し，同一化する対象がコミュニティから個人の理想像に変わっただけにすぎません。

しかし,ドルニィエイによる自己システムの面白いところは,第3の要素として「第二言語学習経験 (L2 learning experience)」が加えられていることです。これは,毎日の授業や個人での学習,職場での英語の使用経験などの,日常的な第二言語の学習経験全般を指しています。

　また図8-2の矢印が示すように,日常的な経験は2つの自己イメージに影響を与えます。例えば,小学生がプロ野球選手に実際に指導してもらう機会があると感激してやる気が高まるように,日常の中で強烈な経験をすることが,明確な理想像の強化につながることも考えられます。反対に,もともとあった理想像が,日々うまくいかない経験を繰り返すことで次第に失われていく場合も考えられます。ドルニィエイ自身はこの第3の要素について詳しい説明をしていませんが,この第二言語学習経験こそがミクロレベルの動機づけを理解するカギとなります。

❖第2節のポイント

> ✓ あるコミュニティに対するポジティブな気持ちからその言語を学ぼうとする動機づけを統合的動機づけ,功利的な理由から生じる動機づけを道具的動機づけと呼ぶ。
> ✓ 国際的な問題に関心を持ち,海外の人たちと交流しようとする姿勢を国際指向性と呼ぶ。
> ✓ どのような理想的な第二言語使用者像を持っているかは,第二言語の動機づけに大きな影響を与える。

3　動機づけはいつも変化している——ミクロレベルの動機づけ

　「理想とする第二言語使用者としての自己」は,将来の夢が動機づけと行動に与える強力な要因であることを示しています。しかし,ただ単に「理想像」が動機づけに影響を与えるというだけでは,統合的動機づけを持つことで,第二言語学習に対する動機づけが高まるということとあまり違いがありません。つまり,いくら立派な理想像を持っていても,それがミクロの動機づけに働きかけない限りは,あまり意味がないでしょう。ここからは,理想とする第二言語使用者としての自分(つまりマクロレベルの動機づけ)が,どのように目の前

のミクロレベルの動機づけと関係しているかについて考えていきます。

3.1 第二言語動機づけのプロセスモデル

マクロとミクロの動機づけの関係を考えるために，まずドルニィエイとオットー（Dörnyei & Otto, 1998）によるプロセス・モデル（process model）を紹介します。彼らは，実際に活動を始めるまでを「選択の動機づけ（choice motivation）」，活動中を「実行の動機づけ（executive motivation）」と呼んで区別しました。（図 8-3）

図 8-3　第二言語動機づけのプロセス・モデル

```
   「選択」の
    動機づけ
    ↙      ↘
動機づけに     「実行」の
関する振り返り   動機づけ
    ↖      ↙
```

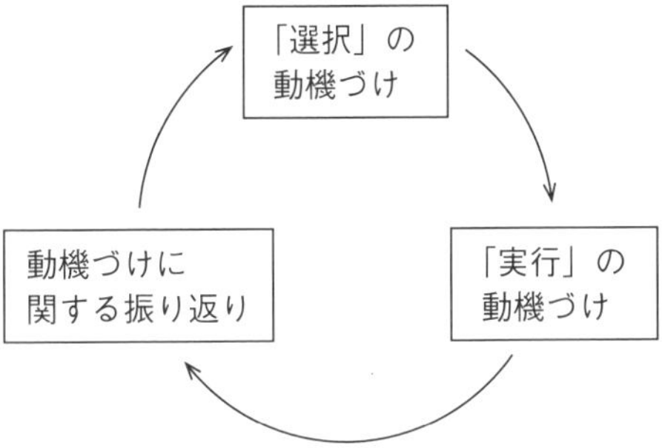

　ある活動を開始するまでは，魅力的な結果を思い描いてやる気が出たのに，実際に始まってしまうと途端にやる気を失ってしまった経験は誰でも思い当たるところがあるでしょう。例えば，新学期のシーズンは英語学習へのやる気が高まり，NHK のラジオ英会話などの語学講座を始める人が多くなります。この「選択」段階では，1 年間続ければ「英語が上手になって，海外旅行で英語を使ってショッピングを楽しみたい」など成果を挙げた 1 年後の理想像を期待します。その期待する成果が自分にとって十分に価値があるように（あるいは魅力的に）感じ，それを達成するための手段として適切であると感じたからこそ，ラジオ英会話を始めることを「選択」します。

　ところが実際に「実行」段階になると，「選択の動機づけ」の期待はあまり重要ではなくなります。代わりに，ラジオを聴くための時間を作らないといけない，忙しい中復習しなければいけない，といった現実的に解決すべき問題が現れてきます。つまり，この段階では思い描いた理想や目標よりも，自分の気

持ちと行動をコントロールすることのほうが重要になります。

このように「選択」と「実行」の動機づけでは，まったく異なる心の働きをしますが，通常私たちはこれらを区別していません。そのため，「最初はやる気があるに，いつもだんだんとやる気がなくなって続かない」と自己嫌悪に陥ってしまいます。「選択の動機づけ」はあくまで，行動を開始するためのきっかけにすぎません。ですので，活動が始まってからは，当初の高い動機づけをなんとか維持しようとするよりも，「実行の動機づけ」を機能させることの方が重要なのです。ちなみに，NHKの語学講座のテキストは4月にもっとも売れて，月が進むに従って売れる冊数が減っていくそうですが，そのことは「実行の動機づけ」の難しさを表しています。

そして一連の活動が終了すると，「動機づけに関する振り返り（motivational retrospection）」の段階に入ります。自分の活動を振り返り評価する段階で，ここでの自己評価は，将来似たような活動を選択するとき（例えば，今度はフランス語を勉強しようなど）に影響を与えます。もし1年間ラジオ英会話を楽しんで継続することができれば，そのことが今後同じような活動を選択する際の自信になります。一方，もし途中であきらめてしまうと，語学学習全般に対する自信を失ってしまうかもしれません。

3.2　マクロとミクロの接点——夢を実現するための6つの条件

プロセス・モデルが示す通り，マクロとミクロの動機づけは異なる役割を果たします。しかしその一方，両者は完全に独立しているわけではなく，互いに影響を与え合うことも忘れてはいけません。図8-3が示す通り，「選択の動機づけ」は直接「実行の動機づけ」に影響を与え，また「実行の動機づけ」も「振り返り」を通して，将来の「選択」に影響を与えていきます。

先に紹介した「理想とする第二言語使用者としての自己」はマクロレベルの動機づけですが，ドルニィエイはさらに詳しくミクロの動機づけとの関係についても説明しています。理想像はただ持っているだけでは意味がなく，次の6つの条件（の多く）を満たして初めて機能すると主張しています。これらの中にはミクロの動機づけの働きに関連したさまざまな点が含まれています。

①将来像は，具体的で，鮮明か？

理想像は具体的であればあるほど効果的に機能します。漠然と「英語が話せ

たら格好いいな」と考えているだけでは，自己不一致理論が説明しているように，現在と将来のギャップを埋める方向には進行していきません。大勢の前で英語を堂々と話しているなど，具体的で，まるで現実であるように思えるほど鮮明にイメージするからこそ，行動が促されるのです。

②実現可能性はあるか？
　将来像は，本人が現実的に実現可能だと考えている場合に強力な動機づけとして機能します。例えば，大人になってから新しい夢を持ってもうまくいかないのは，本人が実現可能な目標と感じていないことが原因の1つです。逆にいえば，本人が心から可能性があると信じているならば十分に実現性が生まれます。大切なことは，他人ではなく，自分が「実現可能性がある」と考えることです。悲観主義者よりも，楽観主義者のほうがうまくいくことが多いのはそのためです。

③理想とする自己とあるべき自己が調和しているか？
　「理想とする自己」と「あるべき自己」はしばしば衝突します。理想は，自分のやりたいことと，まわりが期待していることが一致している状態です。英語学習の例を挙げると，自分は英語を勉強したいけれど，まわりの友達は勉強に熱心でないとなかなかうまくいきません。逆に，自分もまわりの友達も同じ目標に向かっているとうまく機能します。その点で，自分と夢や価値観を共有できるような学校や職場に身を置くことは，理想とする自己像を達成するためにきわめて重要な要素です。

④定期的に理想像を思い出しているか？
　たとえ一度は具体的な理想像を思い描くことができても，そのまま忘れてしまっては意味がありません。理想像がやる気に与えるポジティブなエネルギーは，前述のルボロとマーカスの研究が示す通り実際に思い描いているときにもっとも機能します。つまり，「自分はあんな風になりたい」と思いながら学習に取り組むことが大切です。例えば，自分の部屋に夢や目標を書いて貼っておくのも良い方法です。

⑤達成までのロードマップを持っているか？

　理想的な将来像を持っていても，到達までの具体的なステップがわからなければ行動に移すことができません。長期的な目標を達成するためには，その途中の達成すべき短期的・中期的な目標を設定する必要があります。例えば，大学に入ったばかりの新入生が卒業後の夢を持っていても，そのうち準備を始めようとのんびりかまえていては時間だけが過ぎてしまいます。4年間のロードマップを中期的目標（例えば，大学3年のときに留学に行く），短期的目標（例えば，来月の英語の資格試験で○点とる）に落とし込んで実行に移していくことが大切です。

⑥理想像が達成できない状態を絶対に回避したいか？

　理想とする将来像のポジティブな面ばかりを強調してきましたが，最悪のシナリオについても想像し，それを絶対に避けたいという気持ちも時には役立ちます。例えば，会社でずっと英語に苦労し続け，英語が得意な後輩にどんどん追い抜かれる自分を想像するのは辛いことです。そのような状態は絶対に避けたいと思えば，それもまた強力な動機づけにつながります。

　これら6つの条件は，ミクロレベルの動機づけと密接に関係しています。いくら夢を持っていても，それを達成するための具体的な活動に面白さを感じ，集中して取り組むことを継続できなければ，やがて夢は消失していきます。車で遠くの目的地に行くときは，安全に気をつけながら運転し，途中で適宜ガソリンを補給することで，最終目的地に到着することができます。同様に，私たちの理想像も目の前の学習状態に気を配り，時々エネルギーを供給し続けることで，いつか夢を実現させることができるのです。

3.3　コミュニケーション意欲

　次にマクロとミクロの動機づけに関連して，「コミュニケーション意欲（willingness to communicate: WTC）」という概念を紹介します。WTCとはその言葉の通り，ある状況において目の前の相手と積極的にコミュニケーションをとろうとする姿勢を指しています。高いコミュニケーション意欲を持っていれば，コミュニケーションの機会が増え，まわりとの関係性が築かれ，自分のコミュニケーションに対する反応を得る機会も増え，結果的にコミュニケーショ

ン能力の向上につながります。

　母語でのWTCはさまざまな場面である程度一貫していると考えられています。例えばある授業で積極的にコミュニケーションに参加しようとする生徒は，他の授業や学校外でも積極的にコミュニケーションをとろうとする傾向があるでしょう。

　その一方，第二言語のWTCは状況によって変化しやすいことがわかっています。例えば，日本語ではとてもおしゃべりな人が，英語では消極的になってしまうことがあります。英語力に自信がないことが理由の1つですが，他にもさまざまな要因が影響を与えています。WTCに与えるさまざまな要因を示したのが，図8-4の通称「ピラミッドモデル」です。下のほうから上に順に影響を与え，最終的には頂上のWTCに至ります。また，図の下のほうほど変わりにくく，上に行くほど状況の影響を受けて変わりやすい要因を示しています。

　例えば，右の一番下の「性格」がWTCに影響を与えるというのは想像しやすいと思いますが，左下の「グループ間の関係」は少し説明が必要かもしれません。グループ間とは，日本とアメリカなど，私たちを取り巻く社会的環境を

図8-4　コミュニケーション意欲に影響を与える要因
　　　　（MacIntyre et al., 1998より）

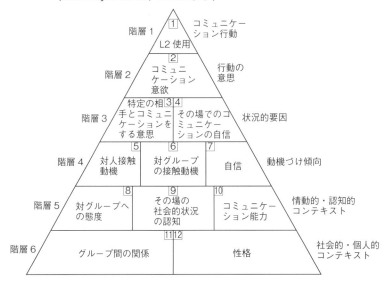

指します。これには，例えば一般的に日本人が英語圏の国々に持っている印象が含まれます。もし戦時中のように国際情勢が悪化してアメリカに対してネガティブな感情が社会に広がれば，間接的に私たちのコミュニケーション意欲にも影響を与えます。このように一見私たちのコミュニケーションには直接的には関係がないようなことも，何らかの影響を与えているのです。

さまざまな要因が上へ上へと影響を与えた結果，最終段階であるWTCの状態はその場の状況によって大きく変化します。WTCのマイクロレベルの変化を調査した研究（MacIntyre & Legatto, 2010）では，フランス語を学ぶカナダ人大学生にさまざまなトピックについてフランス語で話してもらったところ，WTCは数秒ごとに激しく変化していることがわかりました。

3.4 「動的」動機づけの時代へ——複雑系理論からのアプローチ

コミュニケーション意欲の研究が示しているように，近年の第二言語動機づけ研究は，理想とする将来像などのマクロな動機づけだけではなく，学習している最中に働くミクロレベルの動機づけにも大きな関心を寄せています。伝統的には動機づけは安定的なものととらえられてきましたが，私たちは動機づけが激しく揺れる暴れ馬のようなものであることを知っています。また「高い動機づけを持っていれば高い目標を達成できる」というように，単純な因果関係だけで説明することもできません。たとえ，高い理想があっても，それを実現するためにどのように日々の学習に取り組んでいくか，時に落ち込み自信をなくす自分をどのようにコントロールしていくかがきわめて重要です。

これまで『風立ちぬ』の堀越次郎を例に挙げて説明してきた通り，ミクロの動機づけはマクロの動機づけと相互依存的な関係にあります。つまり，ミクロの動機づけのみを取り出して理解するだけでもまた不十分です。

さまざまな要因が複雑に関係し，刻々と変化する動機づけシステムを理解しようと，近年は複雑系理論からの研究が大きな注目を集めています。詳しくは第10章で説明しますが，複雑系理論はさまざまな要素がどのように影響を与え合い，全体のシステムを構築しているか，また時間の経過と共に要素間の関係性がどのように変化し，全体のシステムに影響を与えるかを説明するための理論的枠組みです。これまで説明してきたように，動機づけはさまざまな要素が複雑に影響し合い，その関係は時間の経過ともにダイナミックに変化します。動機づけは，まさに「複雑で動的な系（complex dynamic system）」なので

す。

　複雑系理論を用いた研究はまだ始まったばかりですが，さまざまな学習環境での研究が報告され始めています。私たちの研究（Nitta & Baba, 2015）では，英語を学ぶ大学1年生を1年間に渡って調査した結果，具体的な将来像を持つだけではなく，毎日の英語学習活動が将来の夢の実現につながっていると感じ，目の前の課題に取り組んでいた学習者が，将来像も次第に具体化・洗練化していった事例を報告しています。

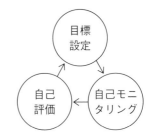

図8-5　自己調整サイクル

　私たちは，ミクロレベルの動機づけとして，「自己調整（self-regulation）」が大切だと考えています。自己調整とは，学習者が自分で設定した目標に対して自分の行動をモニターし，また評価することで，行動を調整する一連のプロセスを指します。（図8-5）

　ここでも自己（self）という語が使われていますが，自分で自分の学習に責任を持って積極的に取り組むことが重要です。十分な自己調整力があると，自ら行動を起こし，自分の行動を批判的に評価し，環境のさまざまな変化に応じて適応していくことができます。

　私たちの研究では，毎週の英語の授業中に機能している自己調整のプロセス（ミクロレベルの動機づけ）と，将来の理想像（マクロレベルの動機づけ）との関係について調査をしました。その結果，1年間継続してやる気を持ち続け，英語力も伸び，将来の理想像も明確化していったのは，「目標設定⇒自分の学習活動のモニター⇒自己評価」という自己調整サイクルをしっかり繰り返していた学生たちでした。表面的には同じように授業に参加し，課題に取り組んでいても，自己調整サイクルがしっかりと機能していない学生は，英語力の伸びがあまり見られませんでした。

　理想とする将来像と自己調整は互いに影響を与え合いながら，発達していきます。例えば，目標に向かっていく途上で，将来像は進む方向を示すガイドの役割を果たしますが，それだけではなく，自分の現在の学習の評価基準としての役割も果たします。

　毎回の課題に取り組むにあたっての目標は，自分の英語力の伸びや将来像が明確化することで洗練されます。目標が変われば，何をモニターするか，どの

ように評価するかなど，その後のプロセスも自然と変化していきます。つまり，サイクルは単なる繰り返しではなく，それぞれの学生にあった形で適応し進化していくのです。

　この章では，第二言語動機づけの主な理論を紹介しながら，どのような動機づけが英語学習に継続的に取り組むためのカギになるか考えてきました。これまでの多くの研究はマクロレベルの動機づけに注目してきましたが，日々の英語学習のときに働くミクロレベルも含めて，両者の相互作用を考えることが大切です。マクロとミクロは互いに影響を与え合い補完的な役割を果たします。『風立ちぬ』で描かれた堀越次郎のように，明確な将来の目標を常に思い描きながら，目の前の活動に集中することで，夢がさらに具体化し，自己調整力も進化していくのです。それができれば必要な英語力は後から自然に身についていくはずです。

❖第3節のポイント

- ✓ 第二言語学習に関する活動が始まる前，活動中，活動後では，それぞれ異なる動機づけが機能している。
- ✓ 「理想とする第二言語使用者としての自己」が機能するためには，様々な条件を満たす必要がある。
- ✓ 長期間に渡って高い動機づけを維持するためには，自己調整活動を十分に機能させることが重要である。

読書案内

○廣森友人（2015）『英語学習のメカニズム』第5章，大修館書店
　第二言語動機づけについて具体例を挙げながらわかりやすく説明されています。実際の学習に生かすことができるさまざまな方法も多数紹介され参考になります。
○八島智子（2004）『外国語コミュニケーションの情意と動機——研究と教育の視点』第1～4章，関西大学出版部
　外国語コミュニケーションと動機づけの関係について，詳しく説明されています。また，この章では取り上げなかった不安がコミュニケーションに与える影響についても詳しく紹介されています。

❖ディスカッション・ポイント……………………………………………
- □ 身近にいる動機づけが高い人の特徴を挙げてみましょう。本章で書かれている動機づけの概念を使って説明してみましょう。
- □ 自分自身の英語（あるいは他の外国語）学習経験を振り返り，やる気が維持できた場合とできなかった場合を挙げてみましょう。途中であきらめてしまった場合は，その原因について考えてみましょう。
- □ 子ども時代から現在まで，どのような夢を持っていたか，思い出してみて下さい。ドルニィエイによる6つの条件のどの点において合致していたか，あるいは合致していなかったか，考えてみましょう。

第9章

英語学習は早く始めるべきか
―― 臨界期仮説と児童英語教育

この章では子どもの英語教育について取り上げます。早期に学習を開始すれば子どもは外国語を容易に身につけることができるのでしょうか？子どもに外国語を教える際に大切にしたい点について考えます。

　第二言語習得研究は 1990 年代後半から学校などの教室環境での研究が盛んに進められるようになりました（詳しくは第 6 章参照）。当初研究の主な対象は大学生が大半を占めてきましたが，これは研究者が大学に所属しているケースが多いことや，大学のカリキュラムは初等・中等教育に比べて自由度が比較的高く，研究データが集めやすいという現実的な事情も大きく影響しています。近年は，もっと若い学習者を対象とした研究も増えてきましたが，児童を対象とした研究はまだまだ少ないのが実情です。

　その一方，小学校での英語教育はすでに多くの国と地域で開始されています。近隣諸国でも，タイ（1996 年），韓国（1997 年），台湾（2001 年），中国（2005 年）で次々と小学校での英語教育の必修化が始まっています。日本でもさまざまな議論の末に 2011 年から小学校 5・6 年生での外国語（英語）活動が必修化され，さらに 2020 年には開始学年の引き下げも予定されています。

　こうした状況の中，児童英語教育（teaching English for young language learners）が高い関心を集めています。子どもは母語を難なく習得する（ように見える）ことから，できるだけ早く英語学習を始めなければ手遅れになると焦りを感じている保護者も多いでしょう。しかし，ただ早い時期に学習を始めれば容易に英語を身につけられるというわけではありません。例えば，小学校での英語教育は，質の高い教材，適正な教育を受けた教師，周囲の理解などの支援がなければ，消極的で非生産的な結果しか生まないと警鐘を鳴らしている研究者もいます（Singleton & Ryan, 2004）。

　その一方，感受性豊かで成長途上にある子どもたちに英語を教えることは，英語力以外にもさまざまな影響を与える可能性があります。子どもは親や教師が見守る中で好奇心旺盛に世界を探求し，日々新しい驚きを発見します。大人

に比べて多感な幼少期に異なる言語・文化に触れることは，考え方や価値観，そしてアイデンティティの形成にも少なからず影響を与えるはずです。『くまのプーさん』など多くの海外児童文学の翻訳を手がけた石井桃子に次のような言葉があります。

> 子どもたちよ，子ども時代をしっかりと楽しんでください。
> 大人になってから，老人になってから，あなたを支えてくれるのは，子ども時代の「あなた」です。
>
> (『石井桃子のことば』中川李枝子他，2014, p.1)

人間の基礎を作る子ども時代に英語を学び始めるのであれば，ただ表層的な英語力の獲得を目指すだけでなく，変化し続ける世界で力強く生きる力を身につけていくことに役立ってほしいと思います。この章では，早く英語を学び始めることが英語力の獲得につながるのか，また子どもたちに英語を教えることを通じてどのような力を身につけることを目指していくべきか考えていきます。

1　若ければ若いほど良い？——言語習得の「臨界期仮説」

　子どもたちが母語を習得していく能力にはしばしば驚かされます。およそ1歳前後で最初の言葉を発すると，その後急速に語彙の量が増え，2歳ごろからは二語文や三語文を発するようになります。そして，4歳から遅くとも6歳ごろには基本的な会話能力を身につけてしまいます（子どもの母語習得については第2章を参照）。母語だけでなく第二言語においても，海外赴任した親が幼い子どもを連れて行くと，数年のうちに現地の子どもと問題なくコミュニケーションができるレベルまで言語能力を身につけることも珍しくありません。このように，私たちのまわりには「語学の天才」としての子どもの逸話がたくさんあり，英語学習もやはり早く始めたほうがいいのではないかと多くの人たちが考えています。

　この「若ければ若いほど良い（"Younger is better"）」という信念の科学的根拠とされるのは言語習得の「臨界期仮説（Critical Period Hypothesis）」です。「臨界期」とは，生物が生きていくための基本的能力を身につける大切な時期を指します。

「臨界期」の考えは，もともと動物の刷り込み（imprinting）現象から来ています。生まれたばかりの鳥の雛は，卵から孵って初めて目にした自分より大きくて動くものを母鳥だと思ってついていく習性です。この刷り込み現象は生まれてから数十時間の限定された時期にだけ起こることがわかっています。

同じことが言語習得にもいえるのではないか，というのが言語習得の臨界期仮説です。私たちが言葉を習得するために言語に触れ始めなければいけない絶対的な期間（=critical period）は存在するのでしょうか？また臨界期があるとすればいつまでに言語に触れなければならないのでしょうか？

1.1 母語習得の臨界期

言語習得の臨界期の始まりについてしばしば言及されるのは，神経学者エリック・レネバーグ（Eric Lenneberg）の研究です（Lenneberg, 1964）。彼は3歳から22歳の精神遅滞の人たちの言語発達を調べた結果，14歳以降に言語の進歩がほとんど止まってしまうことに注目し，この頃に言語習得の臨界期があるのではないかと考えました。1967年に出版した本では，失語症を発症した子どもが，14歳よりも前であれば言語能力を回復できたのに対して，それ以降では完全には回復できなかった症例から，脳の言語機能が完成する思春期の臨界期仮説を主張しました。

もっと早い時期に言語の臨界期があるのではないかと考える研究者もいます。エリサ・ニューポート（Elissa Newport）は聴覚障害者で手話を使用する人たちの研究をもとに言語の臨界期を説明しています。臨界期仮説を検証するのが難しい理由は，思春期まで言語に一切触れないという状況は通常ありえないからです。そこで，ニューポートは手話の習得に注目しました。なぜなら第一言語としての手話は，いつ聴覚機能を失ったかによって習得開始時期が異なるからです。生まれたときから聴覚に障害があることがわかれば，早くから手話を始めます。ところが，両親が健常者の場合子どもの聴覚障害の発見が遅れ，遅い時期から手話を開始する場合もあります。

ニューポートは30年以上手話を使用している人たちを，手話の習得開始時期によって3つのグループ（生まれたときから，4〜6歳から，12歳以降）に分け文法の習得について調べました。その結果，日本語の助詞のような文法形態素については早く開始した手話者のほうがより正確な使用ができていたことから，4歳以前の臨界期を指摘しています（Newport, 1990）。

1.2 第二言語の臨界期

レネバーグやニューポートの研究は初めて習得する言語に臨界期が存在する可能性を示していますが、母語を習得した後に学習を開始する第二言語にも臨界期は存在するのでしょうか？

第二言語の臨界期についても古くからさまざまな研究が報告されていますが、ここではもっとも大規模に行われたフレーゲら（Flege et al., 1999）の研究を紹介します。彼らは2歳から23歳のさまざまな年齢で韓国からアメリカへ移住した240名を調査しました。すべての人たちが15年以上アメリカで暮らしていましたので、日常的な英語のコミュニケーションには支障がない人たちと考えられます。フレーゲらは移住開始年齢が英語の発音と文法（形態素と統語）の習得に影響を与えているかどうかを調査しました。

図9-1の2つのグラフは左が母語話者による発音の評価、右が文の正誤を問う文法判断テストの結果を示しています。各グラフ左上の白丸は母語話者の結

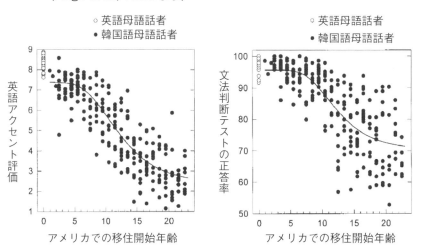

図9-1　英語アクセント評価（左）と文法判断テスト結果の平均値分布
　　　　（Flege et al., 1999 より）

果を、それ以外の多数の黒丸は韓国語母語話者の結果を示しています。どちらのグラフも縦軸が上に行くほど母語話者のレベルに近づき、横軸はアメリカへの移住開始年齢を示しています。

両方のグラフとも，移住開始年齢が遅くなるにつれて結果が下がる傾向を示しています。ただ，右の文法習得に関するグラフのほうが年齢ごとのばらつきが大きく（例えば同じ12歳ごろでも50%台の正解率から90%以上までの幅があります），その結果開始年齢と文法判断テストの結果に統計的に有意な関係は見られませんでした。

この研究から考えられることは，まず発音習得に関しては早期開始の影響を受けやすいのではないかということです。フレーゲらの研究以外にも，早く開始することが第二言語の発音の良さにつながることを示した研究が報告されています（例えばOyama, 1976など）。音楽の世界ではプロの演奏家の多くが早い時期に音楽に触れ始めていることからも，音声面に対する早期開始の影響はうなずけます。

その一方，文法面や語彙の習得に関してはさまざまな結果が混在しています。文法に関しては文法項目によって早く始めたことと強い相関を示した項目（例えば，冠詞，複数形-sなど）と弱い相関（例えば三人称単数の-s，進行形-ingなど）を示す研究もあります（Johnson & Newport, 1989）。

つまり，臨界期が存在したとしても言語能力全般に共通しているのではなく，発音，語彙，文法（さらに文法項目ごと）などさまざまな言語的側面によって異なる臨界期が存在する可能性があります。フレーゲらの研究では，文法ルールの習得に関してはアメリカで受けた学校教育の影響が強く，また語彙的側面に関しては日常的な使用頻度のほうが開始年齢よりも強く影響していました。

1.3 外国語学習環境での臨界期

仮に早く始めることが第二言語習得になんらかの影響があるとしても，これまでに紹介した研究は第二言語が日常的に使用される環境での調査であることを忘れてはいけません。例えば，子どもが1日10時間程度母語に囲まれていると考えると，4歳までの間に少なくとも14,000時間程度言語に触れていることになります。フレーゲらの研究参加者たちも，日常的に英語を使って生活していますので，個人差はあってもかなりの時間英語に触れていたはずです。

それに対して日本はEFL環境なので英語に触れる時間は圧倒的に少ないでしょう。そこで日本での児童英語教育を考える参考として，スペインで行われた「バルセロナ年齢要因（Barcelona Age Factor: BAF）プロジェクト」を紹介

します。スペインでは英語は日常的に使用されていませんので，日本と同じ外国語学習環境です。この地域ではもともと11歳から英語教育を始めていましたが，カリキュラム変更に伴い8歳から開始することになりました。同時に，授業時間が週3時間から2.5時間に削減されましたが，それでも現在の日本の小学校では英語の時間は週1コマ（45分）ですので，それと比べるとかなり多くの時間を英語の授業にあてていたことになります。この研究では，8歳，11歳に加えて，14歳と18歳以上から開始したグループも比較対象に加えました。

また，異なる開始年齢を比べるだけでは早く開始した生徒たちのほうが結果的にたくさんの時間学習することになり，早く始めた影響と総学習量のどちらが影響したのかわからなくなってしまいます。そこで，それぞれのグループについて学習開始から200時間，416時間，726時間終了時点での到達度を測定しました。

研究者らはリスニング，スピーキングなど，さまざまな英語スキルについて測定しました。その結果開始年齢にかかわらずほとんどすべての項目で，授業時間が増えるにつれ達成度が上がっていることがわかりました。さらに重要な点として，ほとんどの測定ポイントにおいて，遅い年齢で開始したグループのほうが早く開始したグループの結果を上回っていました。また驚くべきことに，早期学習開始者に有利だと考えられている音素の識別・発声のさまざまな側面においても，遅く開始した学習者のほうが上回っていました（Muñoz, 2006）。

このプロジェクトの結果は，EFL環境では，早く英語学習を始めても必ずしも有利にならないことを示しています。日本では中学校から実施していた英語教育を小学校5年生から開始し，さらに今後3年生まで引き下げる計画が進められていますが，このバルセロナのプロジェクトの結果を見る限り，ただ早く始めただけで英語力が向上することを期待することはできません。

子どもたちが早期学習開始のメリットを享受するためには，かなりの時間その言語に触れる必要があるといわれています。母語であれ第二言語であれ，子どもは学習しているという意識なく言葉を吸収していきますが，このような暗示的学習能力（第6章参照）を生かすためには，莫大な量のインプットとインタラクションを長年に渡り受ける必要があるといわれています。

例えば，日本語母語話者の大学生を調査した研究（Larson-Hall, 2006）では，早期に英語学習を開始したメリットを得るためには学習時間が1500〜2000時

間に及ぶ必要があったと報告しています。その場合，BAFプロジェクトの726時間でもまだ半分程度にすぎません。

　日本の小学校で実施されている週1コマ（年間35時間程度）の場合，5年生から6年生の2年間で70時間程度，3年生から開始して5・6年生で2コマに増やした場合でも合計210時間程度ですので，1500時間には到底届きません。

1.4 「ネイティブ」のような英語力を目指すべきか？

　臨界期仮説に関するこれまでの研究から，日常的に英語を使用する環境にいれば，少なくとも発音など音声的能力に影響を与える可能性があります。大学に入学したばかりの1年生に英語のどんな力を身につけたいか尋ねると，たいていの学生から「ネイティブのような発音」という答えが返ってきます。もしネイティブスピーカーのような発音で流暢に英語を話す姿に憧れるのであれば，早期にインターナショナル・プレスクールなどに子どもを通わせることで，日本にいながらにして英語母語話者のような発音を習得することは可能かもしれません。

　しかし，英語の母語話者のような発音の習得が不可欠かどうかは一度よく考えてみるべきでしょう。フレーゲらの研究では，移民した人たちの英語発音が母語話者のアクセントにどれくらい近いかを評価しましたが，ネイティブのような発音でないからコミュニケーションに深刻な支障が出るというわけではありません。

　英語の例ではありませんが，私（新多）は出身が京都ですので関西が舞台のテレビドラマを見ると，最初の台詞を聞くだけで関西弁ネイティブかそうでないか判別できます（この例は，日本語母語話者でも，異なる方言の発音を身につけることは難しいことも示しています）。しかし，たとえ本物らしい関西弁でなくても，そのドラマに十分に感情移入して楽しむことができます。私たちが英語を使うときも，意味が通じる限りにおいて発音がどれくらい母語話者に近いかということは大きな問題にはならないでしょう。

　子どもは母語を完全に習得していない段階から積極的にコミュニケーションをとろうとします。つまり，完璧な言語能力を獲得していなくても，コミュニケーションができるのです。大切なことは，まったく英語が使えない状態と母語話者のレベルの二者択一ではなく，「部分的な英語能力」で十分にコミュニケーションは可能だと知ることではないかと思います。

用語解説4 ❖「複言語主義」の考え方

　この「部分的な言語能力」の大切さを示すものとして「複言語主義 (plurilingualism)」を紹介します。ヨーロッパでは英語以外にも，ドイツ語，フランス語，スペイン語などたくさんの言語があります。このような多数の言語が存在している社会的現実は「多言語主義 (multilingualism)」と呼ばれてきましたが，近年は個人が持つ部分的な言語能力に焦点を当てた「複言語主義」という言葉が使われています。

　この複言語主義の考えを実践するものとして「ヨーロッパ共通言語参照枠 (Common European Framework of Reference for Languages)」があります。英語力を測定するというと，TOEICのように点数化するのが一般的でしたが，「参照枠」では技能項目ごとに（例えば「聞くこと」「読むこと」など），A1レベルからもっとも進んだC2レベルまで6つの習得レベル（A1, A2, B1, B2, C1, C2）に渡って言語活動と能力が記述されています。そして，個人がそれぞれの技能項目でどのレベルに該当するかを判断することができます。

　「参照枠」は英語の評価方法として大きな可能性があるのは確かですが，もっと重要なことは複言語主義の考えが根底にあることです。「参照枠」においてもっとも高いレベルはC2ですが，すべての人がすべての技能においてこのレベルを目指すべきだとしているわけではありません。そもそも母語話者でもすべてのスキルでこのレベルを達成するのは難しいでしょう（例えば，C2レベルの「書くこと」には「専門書や文学作品の概要や書評が書ける」とあります）。母語であっても人それぞれ置かれた状況によって必要な技能とレベルは異なるはずです。たとえA1やA2レベルであっても十分にコミュニケーションはできます。

　複言語主義では個人が複数の言語で部分的・複合的な能力を持つこと，またその状態について肯定的な価値観を持つことを強調しています。私たちは「バイリンガル」や「マルチリンガル」と聞くと，それぞれの言語において母語話者と同じレベルで使用できると考えがちです。しかし，そもそも複数の言語で同等レベルの力を身につけることは並大抵のことではありません。例えば，アメリカ人と話しているとき自分の使っている英語にどこか引け目を感じてしまうかもしれません。しかし，そもそも母語の上にもう1つの言語を使用できるのですから，劣等感を持つ必要はまったくないはずです。

❖ 第1節のポイント

> ✓ 言語を習得するために言語に触れ始めなければならないとされる時期を「臨界期」という。
> ✓ 第二言語習得は ESL 環境では音声面において早期開始の影響が見られることが多いが，その他の側面についてはさまざまな結果が混在していてはっきりしたことはまだわかっていない。
> ✓ EFL 環境においては，早期開始の明確なメリットは示されていない。

2 「子どもにやさしい」英語教育

これまでは早期に英語学習を始めることに対してどちらかといえば否定的な見解を示してきましたが，英語力の獲得を越えて子どもたちの成長に資するものとなるのであれば，児童英語教育は大きな可能性を秘めています。

本章冒頭の石井桃子さんの言葉は，子ども時代の経験が一生を支える大切な幹となることを示しています。そもそも成長過程にある子どもたちに英語を教える目的は英語力を身につけるだけではなく，視野を広げて世界に目を向けさせることや，母語とは異なる言語の仕組みを知ることで「ことば」に対する意識を高めることなど，全人的な発達に関わります。ここからは，子どもたち（特に小学生）が英語活動に関わる際に大切にしたい点について考えていきます。

2.1 初めて外国語に触れる経験を大切にする

長年イギリスで児童英語教育に携わってきたシーラ・リクソン（Shelagh Rixon）が，対話形式で子どもの英語教育について詳しく説明した本があります（『チュートリアルで学ぶ新しい「小学校英語」の教え方』）。その中でリクソンが，子どもたちに英語を教えることに疑問を感じた小学校教師の経験を持つマナブに対して次のように答える場面があります。

マナブ：そうだとすると，本当に早くから外国語を学習することに意味があるのか，疑問になってきますね。
シーラ：あら，そんなことはないわ。子どものときに，外国語との素晴らしい出会いを体験することは，外国語学習の大切な第一歩になることは間違

いないことよ。でも，外国語にせよ，母語にせよ，言語の習得の過程は，私たちの生涯を通じて続いていくの。だから，子どものときの学習体験は，その後大人へと成長していく過程で，その時々の必要に応じた外国語学習の目標を1つずつクリアーしていく長い道のりの，ほんの第一歩にすぎないことも十分に理解しておいてほしいところだわ。(p.19)

　この言葉からまず，母語も含めた言葉の学習は，幼少期や学校に通っている間だけで完結するものではなく，一生涯続く長い道のりであることがわかります。母語の基本的会話能力は4～6歳ごろにすでに身についているとは言え，語彙の数も表現の幅もまだまだ不十分です。読み書き能力については，学校に入ってから本格的に学習を開始します。さらに「リテラシー」と呼ばれる高度な言語能力（第3章参照）は社会の中でさまざまな経験を通して一生かけて磨いていくものです。
　その一方，リクソンの言葉は，子どもたちが英語学習を開始する年齢が何歳であっても，英語とのファースト・コンタクトが大切な経験であることも示しています。最初の体験がつまらないものになってしまうと，英語に興味を持てず，苦手意識が生まれ，その後の学習の足かせになってしまうかもしれません。
　私のゼミ生が，早期に英語を始めた経験が大学生になったときの英語に対する動機づけにどのように影響しているかについて卒論研究で調査しました。興味深いことに，早く始めた経験を持つ大学生の多くが，大学時の動機づけが高くなるケースと低くなるケースに二分していました。つまり，子ども時代の英語の経験がどのようなもので，その経験をどのようにとらえているかが後の動機づけに影響した可能性があるのです。
　初めて英語に触れる機会が楽しく充実したものとなれば，子どもたちが英語に対する動機づけを高め，長期に渡って英語を学び続けていくきっかけとなります。なによりも，英語を使うことで広い世界にアクセスする経験は，子どもたちの価値観や考え方の幅を広げてくれるはずです。
　子どもたちにとって英語とのファースト・コンタクトが楽しく素晴らしい経験となるために，リクソンは「子どもにやさしい（child-friendly）」英語教育の大切さを繰り返し述べています。この言葉にはただ「楽しい」だけでなく，子どもの発達段階にあった活動の大切さも込められています。
　一言で児童英語教育といっても，対象とする年齢によって適切な関わり方は

大きく異なります。児童英語教育研究者のバトラー後藤（2006）は，小学生に英語を教える際には，認知的・情緒的発達に基づいたアプローチが大切であると強調しています。つまり，子どもたちに英語を教える教師には，英語力はもちろん，子どもの発達について深く理解し，また適切に導入できる力が求められます。

この時期は，子どもたちがどのくらい英語を身につけたかよりも，長期的な視点に立ち英語活動が子どもたちのさまざまな側面の発達に資するものとなることも大切です。そこで，ここからは子どもの発達面から児童英語教育について見ていきましょう。

2.2 ピアジェの認知発達理論

子どもの発達に関する研究で特に有名なのが，ピアジェとヴィゴツキーです。この2人の理論は，まったく異なる立場から子どもの発達を見ています。ここでは，それぞれの特徴を概観しながら，子どもたちが英語活動を行う際に大切にしたい点について考えてみたいと思います。

発達心理学では認知能力の獲得こそが，子どもたちの成長の要だと考えられてきました。動物も，知覚はしますが，人間のように過去に起こったことを解釈したり，未来に起こることを予測したりはしませんので，高度な認知能力は人間特有の能力だといえます。認知的側面から子どもたちの発達を研究したのが，スイスの児童心理学者ジャン・ピアジェ（Jean Piaget）です。ピアジェの理論は，子どもに共通した普遍的な認知的発達について教えてくれます。

ピアジェは子どもたちが積極的に世界を理解しようとする姿に注目しました。子どもは生まれたときからまわりの環境に自ら関心を示し，自分を取り巻く世界に適合しようとすることで認知能力を発達させます。

例えば，スプーンとフォークの使い方はどちらのほうが難しいでしょうか？大人にとってはどちらも同じように思えますが，通常子どもはまずスプーンで「すくって食べる」方法を身につけ，その後フォークを使って「刺して食べる」ことができるようになります。したがって，初めてフォークを渡された幼児は，それをどのように使えばいいかわかりません。おそらく最初は，すでに習得したスプーンと同じ方法で食べ物をすくうようにフォークを使ってみるでしょう。このように，それまでに身につけた行動をそのまま新しい状況に当てはめてみることを「同化（assimilation）」と呼びます。

スプーンと違ってフォークは食べ物を刺す道具ですので、この場合同化ではうまくいきません。試行錯誤を繰り返しながら、「刺す」という方法に気づくことで幼児はフォークの使い方を習得します。このように与えられた外界物（この場合のフォーク）に自らを合わせるプロセスを「適合（accommodation）」と呼びます。ピアジェは、環境から与えられた課題（フォークを使って食べ物を食べること）に対して、自ら同化と適合を試みることで、子どもの認知能力が発達すると考えました。

　ピアジェはこのように、子どもが自分の力で知識を構築していく点を強調しています。つまり、子どもが能動的に社会環境と関わっていくことで認知的能力が発達していくと考えました。子どもは本質的に「能動的」であるということは、どのような環境にあっても（たとえ大人があまり積極的に関与しない場合でも）自然に発達が進むことを意味しています。ピアジェはすべての子どもが4つの発達段階を経て、最終目標である論理的思考力を獲得すると考えました。

用語解説5 ❖ ピアジェの認知的発達の4段階
1. 「感覚・運動段階（sensor-motor stage）」生後〜2歳ごろ。まだ認知能力が発達しておらず、認知を介さず感覚と運動が直接結びついている段階です。まわりのさまざまなものを触り五感で感じることで、世界について理解していきます。
2. 「前操作段階（pre-operational stage）」2歳〜7歳ごろ。まだ感覚中心で、論理的思考力を十分に操作することができない段階です。自己中心的で、他者の視点に立って考えることが十分にはできません。母語の発達に伴い、次第に認知能力を獲得していきます。
3. 「具体的操作段階（concrete operational stage）」7歳〜11歳ごろ。論理的思考力を身につける「認知発達のターニングポイント」と呼ばれる時期です。目の前の具体的なものに対してであれば論理的操作ができるようになります。
4. 「形式的操作段階（formal operational stage）」11歳以降。抽象的に考え、具体物がなくても論理的思考力が使えるようになります。

2.3　子どもの発達に合わせた英語教育

　小学校の英語教育現場を観察してきた多くの専門家が、発達段階に合わせた

英語活動の重要性を指摘しています。例えば，音への感覚が強い低学年では，音声的な指導を重視します。また，学び始めの時期は急いで英語を話させようとしないで，英語を聞かせることに集中することも大切です。柳瀬，小泉 (2015) では，小学生の聞く力の素晴らしさを大切に，身体に染みこませるように丁寧に英語で語りかけることで，次第に子どもたちが英語を口にし始めた経験が紹介されています。

 3・4年生の中学年以降は，母語の基本的な能力は定着してくるので，日常生活で使う言葉や内容などを簡単な英語で表現する方法が効果的です。しばしば「簡単な英語」＝「簡単な内容」ととらえられがちですが，この頃は知的好奇心も生まれてくる時期ですので，子どもたちの発達にあった内容でないと英語に対する興味を失ってしまいます。

 また，4年生ごろからは言葉に対する意識（＝メタ言語的意識）が生まれてきます。この「ことばへの気づき」は英語だけでなく，母語である日本語の力を伸ばすためにも重要だと考えられています。英語と日本語の違いに注意を向けさせることで，日本語の力を高めることにもつなげることができます。

 日本の小学校ではこれまで英語の書き言葉の導入に慎重でしたが，高学年になると書き言葉なしの授業はむしろ不安に感じる児童が多くなります。こうしたことから，この時期から英語の読み書きも導入していくほうが，子どもたちの発達に即していると考えられます（バトラー後藤，2005）。

2.4 ヴィゴツキーの社会文化理論——最近接発達領域

 子どもの認知的発達を理解する上でピアジェの理論はたくさんの示唆を与えてくれますが，その一方さまざまな批判もあります。もっとも大きな批判は，他者とのコミュニケーションが子どもの発達に与える影響を軽視している点です。ピアジェは子どもが特に7歳ごろまでの「自己中心的な」時期は他者の存在はそれほど大きな影響を与えず，自身の力で積極的に知識を構築する点を強調しましたが，子どもは決して自分の力だけで成長するわけではありません。

 考えてみれば，人間の子どもほど生まれてから長期に渡ってまわりの助けが不可欠な生き物はいません。まわりの年長者たちの助けが，子どもたちの発達に大きな影響を与えるのです。子どもの認知発達に対する社会的影響の重要さを主張したのが，旧ソビエト連邦の心理学者レフ・ヴィゴツキー(Lev Vygotsky) です。

ピアジェが子どもの持つ認知能力を重視し，環境と個人を分けて考えたのに対して，ヴィゴツキーは個人と環境は一体であり，他者との社会的交流（インタラクション）を通じてさまざまな能力が発達すると考えました。ヴィゴツキーの理論は「社会文化理論（Sociocultural Theory）」と呼ばれています。

　ヴィゴツキーの理論の中でもっとも有名な考えが「発達の最近接領域（Zone of Proximal Development: ZPD）」です。これは，子どもたちが他者（大人や友達）との協働作業を通して，さまざまな能力を発達させる環境を指します。この理論ではまず，子どもの行動を3つのレベルに分けて考えます。第1のレベルはすでに1人でできること，第2のレベルは他者の助けがあればできること，第3のレベルは助けがあってもできないことです。

　図9-2の円のもっとも中心部分が，子どもが手助けなしで1人できる領域です。子どもはこの範囲内であれば誰の助けも借りずに1人で行動することができる，心地よい領域（comfort zone）ですが，この中にとどまっていては成長することができません。

　2つ目の円が，助けがあればできる範囲を示します。例えば，話し始めたばかりの子どもは1人で適切に発話することができませんが，大人が聞き返すことでコミュニケーションをとることができます。

図9-2　発達の最近接領域

　さらに一番外側の3つ目の円は，たとえどんなサポートを受けても今の力ではできない範囲（例えば，昨日の出来事を詳しく説明するなど）を指します。

　大切なのは2つ目の真ん中の円の領域で，これを「発達がもっとも起こりやすい領域」＝発達の最近接領域（ZPD）と呼びます。子どもはこのZPDの領域にいるとき，他者と協働することで，まだやり方を知らないことでも，自分1人でできること以上のことが可能になります。この「頭1つ分の背伸び」を繰り返していくことで，少しずつ円が大きくなっていく姿がヴィゴツキーの発達観です。

　さらにヴィゴツキーは子どもの成長における言語の役割を重視しました。ZPDにおいて，子どもをサポートするときは，わかりやすく説明したりほめ

たりするなど言葉を介するのが一般的な方法です。言葉はまず大人と子どもの「人と人の間 (interpersonal)」で使われますが，成長するに従い次第に子どもたちの「自分自身との対話 (intrapersonal)」でも使われるようになります。

　言葉を使い始めたばかりの小さな子どもをよく観察すると，何か独り言（プライベート・スピーチ (private speech)）をいいながら遊んでいることがあります。言葉が認知活動の助けとなっているのです。さらに成長すると，次第に声に出さなくても自分の頭の中で言葉を使って思考を助けることができるようになります（これを内的スピーチまたは内言 (inner speech) と呼びます）。つまり，最初は他者とのコミュニケーション・ツールであった言葉が，次第に自分の思考を助ける心理的ツールへと変化していくのです。

2.5　遊びとしての英語活動

　このヴィゴツキーの理論は，児童英語教育にどのような示唆を与えてくれるでしょうか？ヴィゴツキーの考えに立てば，子どもが自分の力だけで発達することには限界があります。まわりの大人が，子どもの今できること（もっとも中心の円）と，子どもの可能性（2つ目の円）がどこにあるかを見極め，適切な手助けをすることが重要です。教師の役割は，子どもたちが英語を使って，教師や他のクラスメートとの協働を通して成長できる適切な環境を作ることです。

　また，ZPD は発達における情動面の大切さも示しています。幼児が他者と協働作業に集中して取り組んでいるときには，楽しく暖かい雰囲気が生まれます。この中で子どもたちは褒められ，認められているという感覚を持つことで，積極性が高まり「頭1つ分の背伸び」ができるようになります。

　ピアジェは「認知」と「情動」を分け，認知能力の発達を重視しましたが，ヴィゴツキーにとってこの2つは一体化したものでした。例えば，子どもたちの知的好奇心が高まると，「わかる，わからない」意識が生まれますが，それと同時に「他者の目が気になり，失敗を恐れる」意識も生まれます。両者は密接に関係していて，明確に分けることはできないでしょう。

　また「認知」と「情動」の一体化は，子どもの発達における「遊び (play)」の重要さも示しています。子どもが遊びに熱中するのは，なによりも楽しいからです。子どもは，食べることも，他者とのコミュニケーションも，すべてを遊びにすることでさまざまな能力を獲得していきます。「遊び」の中では，この世界で生きることと，世界について学ぶことが渾然一体となっています。

しかし，学校ではしばしばこの2つが分断され，知識を獲得する認知的側面が重視されるようになります。ホルツマン（2014）は学校で通常行われているような「世界について学ぶ」ことのみに注力するのではなく，遊びの中で年長者と関わる方法（つまり，「世界で生きる」ことと「世界について学ぶ」ことを同時に行うこと）を通して，幼児はもちろんすべての年齢のあらゆる人が発達できると主張しています。

学校の授業の活動に遊びの要素が入ることは時に批判的にとらえられることがありますが，「指導方針を持った遊び（principled fun）」（リクソンら，2013）に取り組むことで，子どもたちはさまざまな力を身につけることができます。活動＝遊びの本質的な役割について，もう一度よく考えてみる必要があると思います。

❖第2節のポイント

- ✓ ピアジェの理論によれば，子どもたちに英語を教える際には，認知的発達段階を考慮する必要がある。
- ✓ ヴィゴツキーの理論によれば，親や教師は，子どもたちが「頭1つ分の背伸び」ができるような英語学習環境を作ることが大切である。

3 「生きる力」を獲得するための英語活動

さまざまな側面から児童英語教育について見てきましたが，最後にもう少し大きな視点から，なぜ子どもに英語を教えるのか考えたいと思います。

3.1 生きる力とは

文部科学省では2008年改訂の学習指導要領で全教科に共通する理念として「生きる力」を全面に掲げました。「生きる力」は，グローバル化が進展する時代において必要とされる「幅広い知識と柔軟な思考力に基づく新しい知や価値を創造する能力」（文部科学省『保護者用リーフレット』）と説明されています。

「生きる力」という言葉ではあまりにも漠然とした印象を受けるかもしれませんが，まさにその点がさまざまな国際機関からも提案されている21世紀に必要とされる能力に共通した特徴でもあります（例えば，OECDの「キー・コン

ピテンシー」，アメリカの政府・企業によって設立された Partnership for 21st Century による「21世紀型スキル」など）。つまり，複雑化する現代社会においては従来の教科単位のような狭い範囲の能力では不十分で，より広範囲でより高度な能力が要請されているのです。

　子どもたちの英語活動が，どのようにして「生きる力」のような全人的な（whole-person）能力につながるのでしょうか。外国語を学ぶ目的として，まずコミュニケーション・ツールとして言語スキルの習得があることは間違いありません。しかし，ただ英語を流暢に話せるようになることや，英語の資格試験で高得点をとるなど，表層的な英語力のみを目指すだけであれば，必ずしも早い時期から英語を学び始める必要がないことはこれまで述べた通りです。

3.2　グローバル化と国際化

　より大きな視点から英語教育の目的を考えるヒントとして，「グローバル化」という言葉について考えてみたいと思います。（ちなみに，「グローバル化」と「グローバル（資本）主義」は区別して使っています。）よく似た言葉に「国際化」があります。両者はしばしば混同されがちですが，2つの言葉の語源を考えると明確な違いが浮かび上がってきます。

　「国際的」を意味する "international" は，国家（nation）と国家の間（inter）ですので，本来「国家間の関係」を指します。つまり，軸足はどちらか一方の側にあり，そこから他国との関係を考えます（その意味では，各国政府の役割はあくまで「国際問題」，つまり国家間の問題として解決することかもしれません）。基準は常に自分の国にありますから，国際関係を調整するために必要となる言語や，他国の文化の理解は追加的で道具的なものととらえられます。

　その一方，「グローバル（global）」は地球を意味する "globe" から来ているので，軸足は全体（地球規模）にあります。ここでは国家の枠組みは取り払われ，地球全体を意識しつつ他者と協力して課題に取り組む姿勢を示しています。

　いずれの言葉も「さまざまな国や文化を持った人たちと共通言語を使って交流する」という表面的な現象は類似していますが，そのもととなる考えの本質は大きく異なります。グローバルに考えるなら，基準となる国がありませんから不安定な状態です。したがって「自分」の中に基準を創ることが重要です。また，一度創られた自分はそのままでは環境変化に適合できなくなるかもしれませんので，常に再構築していく必要があります。

3.3　全人的発達のための児童英語教育

　「グローバル言語」として英語を考えれば，単なる意思疎通のツール以上のものととらえる必要があります。つまり，このような大きな視点から英語を学ぶ目的は，異なる文化や価値観を持った人たちと共存し協働する力を身につけ，自分自身のアイデンティティを構築していくことにあります。先に紹介した「ヨーロッパ共通言語参照枠」は言語教育の目的を次のように示しています。

> 異文化間の視点から見ると，言語教育の主要な目標は，言語と文化における豊かな他者性の経験を通じて，学習者の人格やそのアイデンティティをうまく発展させることである。教師や学習者に求められることは，多様な要素を，健全に成長し続ける全人性（"a healthy developing whole"）に再構築することである。
> 　　　　　　　　　　　　　　　　　　　　　（Council of Europe, 2001, p. 1, 著者訳）

　子どもたちはまず母語を習得しながら世界を理解します。子どもたちにとっての世界とは自分のまわりの生活範囲に限られます。成長するに従い世界は広がっていきますが，それでも実感を持って体験できる範囲は自国の文化圏の中に限られます。

　しかし，英語に触れることは，世界には自分や日本人とは異なるものの見方があることに子どもたちが気づくきっかけとなります。外国語を学ぶことは，異文化を理解しようとすることでもあり，異文化理解を通じて，異なる価値観や考え方に出会うことができます。私たちは異質なものに対して本能的に脅威を感じがちです。しかし，他の文化は新しい視点を提供し，私たちの考えを豊かにしてくれることを子ども時代に知ることは，一生をかけて全人格を創っていくための大切な幹となります。

　さらに，異なる文化や視点に触れる経験は，私たちのアイデンティティの変容も促します（異文化体験とアイデンティティについては第5章も参照）。好むと好まざるとに関わらず，英語を学び多文化に触れた自分は，日本語や日本文化しか知らない自分とは異なる自分に変化していきます。この場合の「多文化」が意味するのは必ずしも英語圏の文化に限定されません。英語を介して交流が可能な世界のあらゆる文化を指しています（もちろん，必ずしも英語である必要もありません）。

　小学校で子どもたちが英語に触れる時間は決して多くはありませんが，感受

性豊かな幼少期に異なる言語・文化に触れる経験は，価値観や考え方にさまざまな影響を与えるはずです。子どもたちへの英語教育が，表層的な英語スキルだけでなく，好奇心を刺激し，全人的なよりよく「生きる力」の獲得につながることを意識しながら進めていく必要があります。

❖第3節のポイント

> ✓ 子どもたちに英語を教える際には，英語力を伸ばすだけでなく，異なる言語や文化に触れる経験を通じて，全人的な成長に寄与する点を考慮することが重要である。

読書案内

〇バトラー後藤裕子（2005）『日本の小学校英語を考える――アジアの視点からの検証と提言』三省堂
  言語の臨界期仮説やアジア諸国の小学校英語政策について詳細に紹介されています。同著者による『英語学習は早いほど良いのか』（岩波新書）もおすすめです。
〇シーラ・リクソン，小林美代子，八田玄二，宮本弦，山下千里（2013）『チュートリアルで学ぶ新しい「小学校英語」の教え方』玉川大学出版部
  子どもたちに英語を教える際に知っておくべき理論と，さまざまな方法について具体的に紹介されています。チュートリアルと呼ばれる対話形式で説明され，イギリスの大学院で個別指導を受けるように学ぶことができます。

❖ディスカッション・ポイント

- ☐ 自分が子どもを持つことになったら何歳からどんな英語教育を受けさせるか（あるいは受けさせないか）議論してみましょう。なぜそのように考えるのか，本章の内容をふまえて説明してみましょう。
- ☐ 本章で紹介したピアジェやヴィゴツキーの理論に基づいて，日本の小学生にはどのような英語活動が有効か考えてみましょう。

第 10 章

第二言語習得の新しい考え方
――複雑系理論のアプローチ

最後の章は SLA で近年注目を集め，また筆者ら自身も研究を行ってきた複雑系理論を取り上げます。複雑系とは何か，また複雑系理論は第二言語習得にどのような新しい視点を提供してくれるかについて説明します。

　私たちの身近にはなじみ深いけれど意外に解決するのが難しい問題がたくさんあります。特に 3 人以上の人がからむと，問題はたいていそう単純ではなくなります。例えば，いわゆる日本の嫁姑問題はもしお嫁さんとお姑さんの 2 人しか存在しなければ大した問題ではないかもしれませんが，夫の態度次第できわめてやっかいな問題になったりもします。

　ある集団を形成する個々の構成要素のことを「エージェント（agent）」と呼びます（これは人でも動物でもモノでも，集団を構成する要素となるものを一括してこう呼びます）。個々のエージェント自体はそれほどものごとを深く考えて行動していなくとも集団になると急に複雑な現象を引き起こしたり，集団として特定の振る舞いをすることはこの世界ではよくあることです。しかし，後述するようにこれまでの科学はこのような問題を扱ってきませんでした。そこに初めて向き合ったのが複雑系理論です。

　複雑系の考え方はすでにさまざまな分野で取り入れられています。SLA でも 2000 年代後半から盛んにこの理論や考え方の重要性が強調されるようになってきました。本章では複雑系理論の基本的な考え方を紹介し，それによって第二言語習得の様々な現象をどのようにとらえ直すことができるのかを考えてみたいと思います。

1　複雑系理論とは何か

1.1　複雑系の定義

　そもそも，「複雑系（complex system）」とはなんでしょうか。「系」というと，「体育会系」（スポーツの部活に所属しているような特徴を示す人々，例えば礼儀正

しいとか，ノリが良い人々など）のように，なんらかの特徴を持った人々の集団（やその一員）を指すことがあります。この場合の「系」は「人々の集団」を指しているわけです。

系は日本語ですが，これにあたる英語が「システム」です。「系」を使うと紛らわしい場合があるので，以下「系」をシステムと呼ぶことにします（ただし，複雑系はそのまま使います）。複雑系理論では，人に限らず複数のエージェントからなる，なんらかのまとまりのある集団をシステムと呼びます。

システムはあらゆるところに存在しています。例えば，さまざまな細胞というエージェントからなるまとまりと考えると，植物や動物の1つ1つの個体はシステムです。そして，システム自体もサブシステムからなっていたり，それ自体もさらに大きなシステムの一部だったりもします。例えば，1人の人間をシステムと考えると，そこには心臓や脳というサブシステムがあります。外に目を向ければその人は学校や会社というシステムの一部であり，さらに日本人ならば日本という国家システムの一部でもあります。

ところが，ただ複数のエージェントが集まると自動的に複雑系になるわけではありません。複雑系になるためにはシステムが「複雑」である必要があります。「複雑」というと一般的には「複雑な問題」のように，「難しい」とか「一筋縄ではいかない」というような意味に使われることがあります。しかし，複雑系理論で用いる「複雑」の意味は少し違うので注意が必要です。

1.2　複雑系になるための2つの必要条件

複雑系理論では，最初からシステムが「複雑」な状態にあるとは考えません。最初は単純に複数のエージェントが集まっただけです。これが複雑系になるためには2つの大きな要因があると筆者らは考えています。1つはエージェント同士の相互作用があること，もう1つは記憶が残るということです。それぞれ説明していきましょう。

「エージェント同士の相互作用がある」というのは，あるシステムに含まれているエージェントAがエージェントBに影響を与えると，今度はBがAに反応を返し，するとAも影響を受け，さらに周囲のCやDまで影響が広がる，といった作用が存在するということです。

例えば，小学校の1つのクラスをシステムと考え，そこで太郎君と花子ちゃんが喧嘩を始めたとします。きっかけは些細なことでしたが，口の達者な花子

ちゃんが舌鋒するどく太郎君を批判するので，口では太刀打ちできない太郎君は花子ちゃんをぶってしまいました。すると花子ちゃんはワーっと泣き始めます。それを見ていた学級委員の朝子ちゃんは太郎君を責めます。太郎君にも言い分はありますがうまく説明できないので，朝子ちゃんに「ブスは黙ってろ」というようなことを言います。それを聞いた周囲の女子は「ブスとは聞き捨てならない！」と怒り出し，他の男子は「ブスをブスといって何が悪い」と太郎君に加勢します。こうなると子どもたちが口々に悪口を言い合い，収拾がつかなくなります。

このように，エージェント（この例では子どもたち）がお互いに影響を与え合い反応し合うので，最終的にシステムがどのような状態になるか予測が困難になってしまうのです。

システムが複雑系になる2つ目の要因である「記憶が残る」というのは，言い換えれば時間が関係してくる，ということです。履歴あるいは歴史と呼んでもいいのですが，エージェント同士（同じシステムにあっても，違うシステムにあっても）の相互作用は，過去の相互作用の影響を受けます。するとどうなるかというと，1つ1つの相互作用ごとに状況がリセットされず，システムはまったく同じ振る舞いを繰り返しにくくなります。

例えば，ゲームで使うサイコロは履歴が残らないことになっています。一度振って5の目が出ても，「5の目が出た」という事実はリセットされ，その影響はないものとして改めてサイコロを振ります。もしサイコロが以前に出た目の影響を受けるとすると（例えば5の目の次は3の目が出ることが多いなど），サイコロを振る意味がなくなってしまいます。

これに対して例えばポーカーのようなゲームの場合，プレーヤー同士は「あの人は前回ブラフ（はったり）をかけたとき唇をゆがませていた。だから彼（女）が唇をゆがませたらこっちのカードで行こう」などと，それ以前の経験をもとに判断を下したりします。これが「記憶が残る」ということです。一回一回状況がリセットされて記憶が残らないサイコロのようなものと比べ，複雑系の振る舞いは現在のエージェント同士の関係だけでなく，それ以前の関係の影響も受けることになるので，さらに読み解くのが難しくなります。

もっと身近な例でいえば，人間関係は複雑系の最たるものです。初対面の人同士はまだお互いの間に記憶がないので，争いが起こったり，複雑な感情のさざ波が立ったりすることはあまりないでしょう。しかし交流を重ねていくうち

にいろいろな経験の記憶が蓄積され，人間関係が複雑に変化していくのです。このように，過去の記憶がその振る舞いに影響するシステムが複雑系です。

1.3　複雑系理論と還元主義の違い──病気のとらえ方

複雑系理論の考え方は，第5章と6章で触れた「科学的」とされる「還元主義（reductionism）」の考え方と対照的です。両者を比較すれば複雑系理論の性質がより理解できると思いますので，ここでは病気を例にとって2つの考え方の違いを考えてみます。

簡単にいえば，還元主義とは，対象となるものを構成する要素やその原因となる要素を特定することで，その対象についての理解が深まる，という考え方です。これに対して複雑系は対象となるものが集まったときや他のものと相互作用したとき，どのような状態になっていくかを理解しようとします。

人間の「病気」についても還元主義的に考えたり，複雑系理論的に考えたりすることができます。ガボール・マテは『身体が「ノー」と言うとき』という本の中で，現代の西洋医学は病気を還元主義的にしかとらえていないと述べています。ある病気について原因が特定できる場合は有効な治療ができるが，原因が特定できなければすぐに「原因不明」でお手上げになると指摘します。

例えば結核という病気は昔は不治の病と恐れられていましたが，結核菌が原因だと判明してからは薬ができ，治療できるようになりました。この場合，「結核菌によって引き起こされるのが結核」という単純な因果関係があるので，現代医学は対処できます。

しかし，さまざまな自己免疫疾患と呼ばれる病気（リウマチ，強皮症，潰瘍性大腸炎など）やアルツハイマー病，がんなどは病原菌など1つの原因を特定することができず，現在でも確実に治療できる方法はありません。マテは長年の臨床経験をもとにこれらの病気になりやすい人の傾向について研究しました。そこでわかったのは，人からものを頼まれたときに断ることができないとか，怒りなどのネガティブな感情をうまく表現できないような「いい人」は体の中の免疫系がうまく働かず，こういった原因のはっきりしない病気になることが多い，ということでした。

そして実はこの「いい人」というのはその人の生まれ持った性格だけではなく，幼い頃の親子関係に起因することも多いそうです。ではそのような関係性を作ってしまった親が悪いのかといえば，もちろん親にも責任の一端はあるで

しょうが，ほとんどの場合はそうせざるを得なかった状況に親自身も置かれていたわけです。自分自身も育った環境のせいで問題を抱えていたり，たまたま戦争など非常に社会状況が悪い時期だったために育児に注力できなかったり，といった具合にです。すると結局誰か1人，あるいは何か1つの原因を非難しても無意味だということになります。

　マテの考えによれば，ある人を取り囲む環境がその人の心の状態に影響を与え，身体と心はつながっているので当然心の状態は身体に影響を与えます。そしてそのバランスの崩れが長い時間続くと病気になる可能性が高まります。これはまさにさまざまなエージェントが相互作用し合い，時間の経過とともに記憶が残っていく複雑系そのものです。ですから病気という1つの現象を考えるときに，身体だけでなく，その人の心，人間関係，社会環境と考えなければいけない対象が広がっていきます。

　それとは対照的に，もし病気の原因を遺伝子など1つの要因のせいにできればこれほど簡単なことはないでしょう。2003年に完了したヒトゲノムプロジェクトは人間のゲノムの全塩基配列を明らかにしました。当時これによって医療がめざましく発展すると人々は期待しました。なぜなら遺伝子というのは私たちの細胞の核にあるものですから，それが解き明かされることで今まで治療できなかったさまざまな病気の原因がわかったり，治療できると考えられたからです。これは病気の原因を遺伝子という1つの要素に求めるという，病気に対する還元主義的な考え方です。

　このように，還元主義的なものの見方は単純ですっきりしているために，白黒はっきりした答えを導きやすい反面，答えられる問題の範囲が狭くなりがちです。実際，人ゲノムは解読されましたが，遺伝子のみが原因で引き起こされる病気は意外に少なく，これまでのところその応用範囲は限られるようです。

　一方，複雑系理論的な見方はさまざまな要素の影響を考慮しようとするため，なかなか単純明快な答えは出せません。病気についても，例えばある人がものごとのとらえ方によって特定の病気になり，なかなか回復しないとしても，すぐにものごとのとらえ方を変えるのは難しいでしょう。しかも，「ものごとのとらえ方」と「病気」は単純な因果関係にありません。その間には他の複数の要因が関係していますから，ものごとのとらえ方だけを変えたからといって必ず病気が治癒するというわけでもありません。とはいえ，複雑系理論的なアプローチは，現代医学では治療方法がないような難病に新しい解釈を与

え，治癒への可能性を開くという意味で意義深いと考えられます。

❖第 1 節のポイント

> ✓ システムは複数のエージェントからなる集まりである。複雑系では，エージェント同士の相互作用があり，時間の経過と共に記憶が残る。
> ✓ 病気を例にとれば，還元主義は病気の原因を 1 つに決めようとするが，複雑系では病気になった人の性格やまわりの環境などの影響も考えようとする。

2　システムはいつもまわりと影響しあっている

　前述した複雑系の定義では，なんらかのシステムが複雑系になるためには「エージェント同士が相互作用していること」と「システムに記憶が残ること」が必要だと説明しました。これらの特徴の他にも，複雑系にはさまざまな興味深い特徴があります。複雑系理論的なものの見方を身につけるためには，この特徴を理解し，さまざまな現象に応用できるようになることが近道です。そこで，ここからは特に重要な複雑系の特徴を紹介し，その考え方を使って第二言語習得を考えてみたいと思います。

　複雑系のさまざまな特徴はそれぞれが独立しているわけではなく，相互関連しています。同じものを違う角度からとらえた特徴といえるかもしれません。そのことを念頭に置くとよりわかりやすいと思います。

2.1　開放性・適応とは何か

　「開放性（openness）」とは，複雑系のシステムは外に向かって開かれていて，外との交流がある，ということです。例えば，心臓を 1 つのシステムと考えると，心臓に入ってくる血液も出ていく血液もあり，身体の状態にも影響を受けています（運動すれば心拍は上がり，安静にしていれば落ち着くなど）。また万一，心臓に機能的な問題が発生すれば，身体が動かなくなることもあります。つまり心臓は外（この場合は身体）と相互に影響を与え合う，開いたシステムだと考えられます。

　開いたシステムとは逆に閉じたシステムというものも存在します。閉じたシ

ステムではシステムの内と外が遮断されていて，何も出入りすることがありません。そのため，システムの中では「XをすればYになる」というような単純な因果関係が成り立ちます。

　例えば砂時計は，ガラスの中には砂が入っていて，ひっくり返すと砂が落ちて時間が測れるという1つのシステムです。もし砂時計が開いたシステムであって外から何かが入ってくるなどの影響があると，おそらく砂の落ちる時間が毎回変化して時計としての役割を果たさなくなるでしょう。砂時計は外からの影響のない閉じたシステムなので，「ひっくり返す」と「一定の速度で砂が落ちる」という単純な因果関係が成立します。ただし，厳密な意味で地球上には完全に閉じたシステムはおそらく存在しませんので，砂時計も気温の変化でガラスがわずかに膨張したりすると砂の落ちる速度が速くなるということはあるかもしれません。

　これに対して開いたシステムは常に外からの影響を受けるため，当然ながら常に変化しています。しかし，変化があるにも関わらずシステム全体が安定しているように見えることもあります。例えば川は常に流れているので水自体は入れ替わっています。それにも関わらず川は変化していないように見えます（氾濫などがない限り）。この「変化しているけれどシステムが安定している状態」を「動的平衡（dynamic equilibrium）」と呼びます。

　開いたシステムは外からの影響を受け，それに合わせて変化していく場合もあります。そのような変化を「適応（adaptation）」と呼びます。例えば，1つの大学にはさまざまな大学生や教員，職員がいます。毎年新入生と卒業生がいますし，教員や職員も新しい人が来る一方退職する人もいて，常に変化しています。しかしそのような変化があっても1つの大学として存続し続ける上に，制度にも大きな変化はなく，その大学の雰囲気や文化のようなものは継承されることがよくあります。これは動的平衡と考えることもできるでしょう。

　しかし，この大学にあるとき強いリーダーシップを持った学長が着任したとしましょう。その学長が積極的に大学改革に乗り出し，次々に新しい制度を整えたり広報活動を活発に行ったとしたらどうでしょうか。大学はその新しい制度に適応して業務内容が変わったり，大学を志願する受験者層に変化が起きてこれまでとは違ったタイプの新入生が来るかもしれません。すると大学の雰囲気も変化していくでしょう。これは外からの影響を受け，それに沿って変化する「適応」の例です。

2.2　コンテクストと相互関連の重要性

　複雑系が外に向かって開いたシステムである，ということはすなわちシステムを取り巻く「環境（＝コンテクスト）」とシステムは相互に影響し合うということを意味します。このコンテクストとシステムが常につながっていることを「相互関連（interconnectedness）」と呼びます。単に「システムとコンテクストが1対1で影響し合う」というイメージではなく，システムに含まれるすべてのエージェント同士は影響し合い，さらにそのシステムの外のエージェントとも影響し合う，とイメージしたほうが正確です。

　本章の最初のほうに出てきた花子ちゃんと太郎君の喧嘩を例にとって説明しましょう。ここでのシステムは花子ちゃんと太郎君のクラスです。学級委員の朝子ちゃんや他の子どもが加勢したりと，この喧嘩にはエージェントであるこのクラスの子どもたちが影響し合っています。さらに，騒ぎを聞きつけた隣のクラスの子どもたちが騒ぎ立てたり，隣のクラスの先生が出てきて事態に介入しようとしたりと様々な影響を与える可能性があります（この場合，隣のクラスの生徒や先生はコンテクストです）。

　また，この相互関連の影響は「相互的」なので，システムがコンテクストへも影響を与えます。例えば，花子ちゃんと太郎君の喧嘩に端を発したもめ事が保護者（＝コンテクスト）をも巻き込んだ大騒動に発展してしまったら，学校が事態解決に乗り出し，「クラスメートの悪口を言ってはいけない」という校則を定めるかもしれません。これはクラスというシステムがその外の学校というコンテクストに与える影響と考えることができます。

2.3　SLAの例——開放性

　複雑系は開いたシステムである，という考え方は当たり前のようですが，私たちはさまざまな問題についてつい閉じたシステム的な考え方をしてしまいがちです。なぜならそのほうが単純でわかりやすいからです。例えば私はしばしば「先生，どうしたら英語力を上げられますか？」と聞かれます。こういった質問をする人は「XX という方法が良い」という答えを求めているのだと思います（例えば，「毎日英語を音読するといいですよ」といった回答です）。このようなとき，

$$XX という方法 \longrightarrow 英語力の向上$$

のように,「XXという方法をすれば英語力が向上する」といった単純な因果関係を想定しています。単純な因果関係が成立するのは閉じたシステムですから,この場合は自分自身を閉じたシステムと考えていることになります。

では,自分自身を開いたシステムと考えればどうなるでしょうか。開いたシステムですから,日々様々なものの影響を受けていますし,過去の経験も影響してきます。人を取り囲むコンテクストは1人1人違います。例えば他の誰かにとって音読が英語力向上に効果的だったとしても,自分にもそれが当てはまるとは限りません。たまたま家のそばに英語塾があり,見学に行ったらそこの先生が素敵だな,と思ったのでそこに通ったら英語力が非常に伸びた,ということもあるかもしれません。このように,効果的な方法は人それぞれであると考えるほうが自然です。

1人1人の性格や置かれている環境や英語を学ぶ目的などはさまざまですから,それぞれの人が自分自身の興味や性格をよく考え,自分の環境やアクセスできる資源(時間やエネルギーや友人,教師など)を把握し,効果的に使う必要があるでしょう。つまり,「XXという方法をすれば英語力が向上する」という単純な図式を頭から追い払い,あらゆる手段を使って柔軟に考えていくのが複雑系理論的なやり方です。

今ある環境や資源で何ができるかを考えることに加え,もし今の環境では身につけたい能力を磨くのに適していないと気付いたら,思い切って環境を変えるように動く(例えば留学するとか)のも1つの手です。いずれにしても,自分というシステムはまわりの環境と相互影響するのだ,と心に留めておくことで英語学習についてこれまでとは違った柔軟な考え方が出てくるのではないでしょうか。

❖第2節のポイント

- ✓ 複雑系をよく理解するためにはその独特な特徴を知る必要がある。
- ✓ 複雑系は常に外に開かれていて(開放性),外からの影響を受け変化していく(適応)。そのため,複雑系とそれを取り囲むコンテクストは切り離して考えることはできない。
- ✓ 英語学習においても自分自身を開いたシステムととらえれば,より柔軟に考えられる。

3 なぜかある状態に引きよせられる

3.1 アトラクターとは何か

「アトラクター(attractor)」とは、あるシステムが何かに引き寄せられる状態のことです。図10-1を見てください。例えばこのような中央が深く窪んだ形の器があったとします。そしてこの器の端からボールを転がしたとします。この場合、ボールを1つのシステムと考えます。するとボールは器の一番深くなった場所に転がっていき、そこに落ち着くでしょう。これがアトラクターに引き寄せられた状態です。

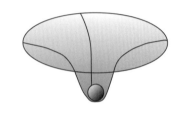

図10-1　アトラクターのイメージ

アトラクターというのは器とボールの例のように物理的な場合もありますが、私たちの身近にもたくさん存在します。例えば、高速道路ではよく渋滞情報が流れますが、渋滞になりがちな場所はたいてい決まっています。お盆などの帰省時期になると「XXトンネルを先頭に25kmの渋滞です」といったアナウンスをよく聞きます。この「XXトンネル」は渋滞で有名だったりします。これも1つのアトラクターといえます。

あるいは、ついついやってしまう癖や習慣も1つのアトラクターです。例えば、以前ある大学生から聞いて驚いたのですが、彼女は高校生の頃からずっと毎日2リットルのコーラを飲まずにはいられなかったそうです。その人はすらっとして健康そのものに見えましたので、健康面で悪影響がなければ別に良いと思うのですが、まわりの友人からはずいぶん心配されていろいろアドバイスをもらったりしたそうです。それでもずっと止められないといっていました。どうしてコーラを飲まずにいられないのか、その原因はわかりませんが、彼女にとってはそれは深いアトラクターであり、抜け出すのが難しい状況なのです。

アトラクターを考える際に注意しなければならない点は、あるシステムにとってアトラクターは常に同じではないということです。複雑系は開いたシステムであり単純な因果関係が成立しない、とすでに説明しました。ですから「砂時計をひっくり返せば砂が下にたまる（これがアトラクター状態）」という関

係が常に成立するわけではありません。

　先ほどの例で，XXトンネルではよく渋滞が起きていたとします。XXトンネルはこの時点ではアトラクターです。しかしあるときその付近に新たなバイパス道路が作られると，その場所では渋滞が起きなくなるかもしれません。この場合，「XXトンネルだから渋滞が起きる」のではなく，たまたまある時点のある環境においてXXトンネルがアトラクターとして作用してしまっていた，と考えます。

3.2　SLAの例——アトラクター

　授業の課題で英語学習に関してアトラクターを経験したことがあるか尋ねた時，1人の受講生が以下のような話を教えてくれました。

> 　私は初めて英語に触れた幼稚園生のときから英語を使ってコミュニケーションをすること，洋楽，洋画，英語を学習すること，英語に関わることが好きです。でも英語を学習してきた中で「どうしても英語が嫌いになる時期」がやってくることがあります。最初に訪れたのは中学生時代で，英検にあと1点のところで不合格になったときです。もうすべてが嫌で，塾にも行かないようになりました。2回目は高校生になってセンター対策の英語の授業ばかりになったときで，授業の予習も塾の課題も，受験勉強もしませんでした。3回目は大学生になってから，半年に一度英語を見たくも聞きたくもない状況になります。
> 　3回とも，「もう英語なんてやめてやる」という気になっています。でも時間が経つとまた英語を勉強したりするのが楽しくなります。こうして今日まで来ています。

　この方にとっては「英語が好き」という状態がかなり強いアトラクターになっていることが想像できます。

　私も英語の授業をしていてアトラクターかもしれないと思ったことがあります。先ほど適応のところで授業の例を挙げました。毎年新しいクラスを受け持つと，もちろん受講生の顔触れは違いますから，そのメンバーと適応しながらその年の授業を作っていきます。しかし不思議なことに同じ授業を行う場合，毎年時間が経つうちになぜか似たような雰囲気になってしまうことが多いので

す。例えば1年生のライティングの授業はなんとなくのほほんと和気あいあいとした雰囲気になっていくな，というように。

理由ははっきりとはわかりませんが，もしかするとある学科に所属する人が似たような気質を持っているからであったり，教師である私の性質が影響してしまっている，ということが考えられます。理由はどうあれ，「なんとなくこういう状態に落ち着く」というのがアトラクターなので，これもアトラクターの一種なのでしょう。

これらの例は好ましいアトラクターの例かもしれませんが，もし英語学習を続ける上で望ましくないと思うような状態にいるときは（例えばやる気が出ない状態が続くなど），「これはアトラクター状態なのかもしれない」と客観的に考えると，そこから抜け出る戦略を練ることができるかもしれません。

❖第3節のポイント

- ✓ システムがある時点で自然と引き寄せられてしまう状態のことをアトラクターという。
- ✓ アトラクターは英語学習でも起きると考えられるので，それを意識すれば学習態度や方法を変えられる可能性がある。

4 システムは自律的にふるまう

4.1 自己組織化とは何か

では，なぜ複雑系は「理由もよくわからないのになんとなく」アトラクターへ引き寄せられるということが起きるのでしょうか。複雑系というのはすでに説明した通り，さまざまなエージェントからなる集まりです。そのエージェントの集合であるシステムには全体を制御したりエージェントたちに命令をするリーダーのようなものは存在しません。各エージェントはそれぞれの都合やらルールやらに沿って勝手に行動します。しかしなんらかの条件がそろうと全体としてまるで生き物のようにアトラクターに引き寄せられていくことがあります。このように，システムが自律的に特定の状態になることを「自己組織化 (self-organization)」といいます。

例えば，渡り鳥が V 字形の編隊を組んで飛ぶことがあります。彼らは中心

となる鳥の命令でこのように飛ぶわけではありません。おそらく個々の鳥は自分たちの集団がV字形になっているという意識さえないでしょう。それぞれの鳥は前を飛ぶ鳥が作る気流にうまく乗れる位置につけ、なるべくエネルギーの消耗を防いでいます。するとそれがたまたま前の鳥の斜め後ろの位置にあたるわけです。先頭を飛ぶ鳥は後ろのほうを飛ぶ鳥よりもエネルギーを使います。先頭を飛んでいた鳥が疲れてくると速度が落ち、後ろの鳥に追い抜かされるので順番が入れ替わります。しかし鳥の集団全体で見ると個々の鳥が入れ替わっても相変わらずV字形に見えます。このように、「なるべく疲れない位置で飛ぶ、そして疲れたら後ろに下がる」というシンプルなルールに従い、鳥の群れは自律的にV字形を自己組織しているのです。

　自己組織化のおもしろい点の1つは、「部分の総和が全体ではない」ということです。単純な因果関係が成り立つ場合、3人の人がリンゴを1つずつ持ち寄ればリンゴは3つになります。つまり、部分の総和がすなわち全体です。しかし、複雑系は違います。

　例えば、脳細胞をたくさん寄せ集めたとしても人間の思考は生まれません。人間の脳細胞は自身を取り囲む環境とのさまざまな適応を経て自己組織化を行います。その結果脳という複雑な臓器が形成され、私たちはものを考えることができるようになります。1つ1つの脳細胞はそれほど複雑な機能を持っていないのに、人間の脳になると芸術や哲学や宇宙など何についてでも思考することができるなんて、驚くばかりです。

　つまり、脳細胞という「部分」が自己組織化をすれば、単に部分を集めただけでは説明ができないような高次の機能を「全体として」獲得するのです。これは次に紹介する創発という概念と関連していますので、そこでもう少し詳しく説明します。

　自己組織化は人体のような物理的なものだけでなく、社会的なものにも起こりえます。例えば、何かのプロジェクトを遂行するためにミーティングや会議を行うとします。共に仕事をするメンバーがお互いに協力し合い、建設的に話し合いを進めていけば自分たちが想像した以上に素晴らしい結果を出せることがあります。これはうまく自己組織化できた例だと考えられます。反対にメンバー同士がお互いに足をひっぱり合ったり、自分の利益だけを優先しようとするとチームとしてまとまることができず、プロジェクトは遅々として進まない、あるいは失敗してしまうこともあります。これは自己組織化の失敗による

ものでしょう。

4.2 SLAの例——自己組織化

　私が自己組織化についてよく考えるのは，大学生が書いた英語のエッセイにフィードバック（文法や語彙のエラーを修正したり，こう書いたほうが良いなどのコメントをつけること）をするときです。

　SLAでは教師のフィードバックが学習者のライティング力向上に役立つのか立たないのかについて論争がありました。研究者たちの意見が対立し，1990年代半ばから10年ほどフィードバックの効果についての研究がたくさん行われました。

　例えば，Truscott（2007）は学習者の書いた英文のエラーを教師が修正したら学習者はより正確に書けるようになるか，という問題についてこれまでの研究結果をまとめています。その結果，教師のエラー修正は正確に書けるようにさせるどころか逆に若干ネガティブな影響があり，もし効果があるとしてもそれはほんのわずかだ，と結論しています。

　確かに「正確に書けるかどうか」だけに着目すれば，教師が多少エラー修正をしてもあまり効果がないというのはうなづけます。実際，私がエラー修正をして一度でそのエラーをしなくなる人はほとんどいません。たいてい何回も同じ間違いをするものです。ですから，「エラー修正すれば学習者は正確に書けるようになる」という単純な因果関係を期待すれば，その期待は裏切られます。

　しかし，「書く能力」は正確さ以外にもさまざまな要素からなる複雑系ととらえることができます。複雑系理論から見れば，それは1人1人の学習者が環境からの影響に適応しつつ自己組織化しているシステムなのです。「書く能力」がたくさんの要素が相互作用し合って動いているシステムであれば，「エラー修正すれば正確に書ける」という単純な因果関係が想定できないのは当然です。

　このことを人間関係に例えてみましょう。例えば，共働きなのにまったく家事をしない夫（ヒロシ，35歳）にいつもイライラしている妻（マユミ，36歳）がいたとします。この場合，ヒロシは注目対象の複雑系で，マユミはコンテクストと考えます。もしマユミがヒロシという複雑系を変えようとして毎日ヒロシをグチグチ責めたらどうでしょうか（これがライティングのエラー修正にあたるでしょう）。簡単に想像がつきますが，これではおそらくヒロシは変わりません。

ではどうすればよいでしょうか。話はそれほど単純ではないのです。そもそもヒロシはなぜ家事をしないのでしょうか？マユミがヒロシに変わってほしいと願うなら、マユミはヒロシという複雑系についてよく知る必要があります。もしかしたらヒロシは家事をまったくしたことがなくてやり方がわからないのかもしれませんし、いつもマユミがさっさと家事をしてくれるから自分が家事をする必要性を感じていないのかもしれません。

　おそらくマユミがまずしなければいけないのは、感情的にならずじっくりヒロシと話し合うことではないでしょうか。その上でやり方がわからないなら教えてあげる、なぜヒロシが家事をしないと困るのかを具体的に説明するなど、ヒロシの性格や能力を考慮しつつ、問題に対してできるだけ効果的な（と思われる）働きかけをする必要があります。その上でヒロシというシステムが変わっていくのを気長に待つわけです。もちろん、ヒロシは複雑系ですから、100％有効な手段はないでしょうが、グチグチ責めるよりもヒロシが変わる可能性が高そうです。

　私は、ライティングのフィードバックはこの例におけるマユミの働きかけのようなものではないかと考えるようになりました。複雑系理論的に考えれば、教師はあくまで学習者の「書く能力」というシステムにとってのコンテクストでしかありえません。コンテクストはある時点で複雑系に強い影響を与えることもありますが、たいていの場合は何か刺激を与えたとしても単純に予測できるような結果には結びつきません。ですから、教師は自分が学習者を変えられる、という思い上がりを捨て、あの手この手で有効と思われる働きかけを行い、学習者自身がそれぞれのシステムを自分で育てていくのを気長に見守り、尊重しなければならないと思います。

　一方、学習者の側も意識を変える必要があります。教師はエッセイにフィードバックをつけるかもしれませんが、それが完全に正しいわけでも常に効果的なわけでもありません。学習者は教師からのフィードバックを取捨選択し良いところだけ参考にするくらいの気持ちで、自分の能力を主体的に育てるという意識を持つことが重要です。

❖ 第4節のポイント

- ✓ 複雑系はそのエージェントが勝手に行動しているようでいて全体として自己組織化している。そのため，全体では各エージェントの力の総和以上の能力や成果を上げることがある。
- ✓ 学習者の第二言語能力（例えばライティング力）も1つの複雑系と考えられるので，教師は1人1人がうまく自己組織化できるよう働きかけるのが望ましい。

5 大事な変化は突然起こる

5.1 創発・相転移とは何か

複雑系理論では「創発（emergence）」は学習や発達を考える際の要です。創発とは，簡単にいえばシステムにあるとき突然，思いがけないような新しい状態やパタンが生まれることです。

例えば，蝶などの変態は創発にあたります。蝶の幼虫である青虫は葉っぱなどを食べてだんだん太って大きくなります。このとき青虫の形は多少は変化するかもしれませんが基本的には同じ姿で，大きさが大きくなるだけです。しかし青虫はあるとき突然蛹（さなぎ）になります。蝶の変態を知らない人は，おそらく青虫の姿から蛹の形状は想像できません。このように，それまでの状態（青虫）からは想像できないような状態（蛹）が急激に生まれる現象を創発と呼びます。

これまでに紹介した概念を使って説明すれば，複雑系は複数のエージェントからなる集まりで，そのエージェントは互いに，そしてシステムの外のさまざまなエージェントとも相互作用しながら自己組織化しています。その間，青虫が大きくなるように徐々にシステムが変化することもありますし，一定期間変化が起きていないように見える一種のアトラクター状態になることもあるかもしれません。その一方で自己組織化の結果，それまでの状態からは予想できないような創発が起きることもあります。するとシステムは劇的に姿を変え，そこに新たなパタンが形成されます。

この，システムが新しいパタンに劇的に変化することを「相転移（phase shift）」といいます。「相」は「青虫」や「蛹」のような一定のパタンや状態の

ことで，それが異なる相である「蛹」や「蝶」に「転移（＝他の状態へ変化すること）」するので，この変化は「相転移」と呼ばれます。つまり，創発と相転移はコインの裏表のような概念で，ほぼ同義です。創発は新しいパタンや性質が生まれることに焦点を当てる用語で，相転移はその急激な変化自体に焦点を当てる用語です。

心筋細胞や脳細胞が増えて自己組織化すると心臓や脳としての機能を持つように，人体のいたるところで創発現象は起きています。例えば，子どもは言葉を発するのも，二足歩行を開始するのもだんだんできるようになるのではなく，突然できるようになります（もちろん，その前にはそれにつながる行動があります）。これらは創発現象と考えられます。私の子どももこの通りだったのですが，1つ不思議だったのは何か病気をした後に創発現象が起きることが多かった点です。

子どもが突発性発疹という病気になったときのことです。生まれて初めての高熱だったので心配していました。義理の母は，「知恵熱かな？昔から病気すると子どもはぐっと成長するっていうよ」と慰めてくれました。すると本当に高熱が続いた後，急にお座りができるようになりました。その後も胃腸風邪で苦しんだ後，急に言葉が増え三語文を話すようになったこともありました。

胃腸風邪と言葉はまったく関係がないように見えるので，病気をきっかけに言葉が発達したなどというと迷信のように聞こえますが，この話にはある程度信憑性があります。なぜなら相転移が起きる直前のシステムは不安定になることが知られているからです。

例えば，アトラクターのところで説明した器とボールの例を考えてみると，器の窪みに入りこんだボールは何も起こらなければそのまま窪みの底に安定してしまうでしょう。しかし器を大きく揺さぶられたらそこから転がり出て新たな場所に移動します。この「器を大きく揺すぶられている」状態がシステムが不安定な状態です。同様に，病気になっている状態は身体というシステムが不安定になっていることを示し，その状態を乗り越えると相転移が起きると考えられます。

また，相転移が起きる前には小さなきっかけが存在することがあります。これは「触媒（catalyst）」と呼ばれます。相転移や創発は突然起きているように見えますが，実はその準備はそれ以前から始まっています。その上で何か小さなきっかけが引き金になって相転移が起きるのです。その触媒は何も準備がな

い時に与えられても相転移は引き起こされません。

　例えば，私は幼稚園児の頃，補助輪なしの自転車に乗る練習をしていました。毎日憑かれたように練習しては転び，というのを繰り返しました。ある日幼稚園の少しだけ傾斜のある場所を走り下りたとき突然乗ることに成功し，それがきっかけで二輪車に乗れるようになりました。この傾斜のある場所で乗ってみた経験が触媒にあたります。しかし，もし練習を繰り返す前に同じことを試しても乗れるようにはならなかったでしょう。練習の積み重ねがあったから準備が整い，その小さなきっかけで相転移が起きたのです。

5.2　SLAの例——創発と相転移

　これまでSLAでは成長・発達というと青虫が大きくなるような変化，つまり予測ができて直線的な変化を主に想定してきました。その理由はいくつかあると思いますが，まずは「発達とはそういうもの」という思い込みがあったでしょう。また，そのように想定したほうが研究がしやすい，という事情もあったと思います。

　しかし，成長や発達は必ずしも直線的ではない，と考えるのが複雑系理論です。みなさんも多かれ少なかれ経験があると思いますが，英語能力は常に一定の割合で向上するわけではありません。

　例えば，私は英語のリスニングが苦手で，カナダに留学したばかりの頃大変鬱々とした日々を過ごしていました。聞き取りができないせいで会話が続かず，授業もおそらく6, 7割程度しか理解できていなかったと思います。毎日英語を使いますし，英語でコミュニケーションしなければならない切実度は日本にいたときと比べものにならないくらい高かったにも関わらず，どう工夫しても努力してもちっとも聞こえるようになりませんでした。

　ところが，3カ月ほどたったある日，久しぶりにホストファミリーと食事したら，そこで話される内容がほとんどわかるようになっていました。あまりにも驚き，最初は彼らが私に気を遣ってわざとゆっくり話してくれているのかと思ったのですが，そうではありませんでした。そのとき以来，それ以外の人々が話す内容も格段によく聞き取れるようになったのです。

　著者らが行った研究でも第二言語を学習する際に相転移が起きていたことを確認しました（Baba & Nitta, 2014）。この研究では大学のあるクラスで毎週「10分ライティングタスク」を行いました。これは1つのトピックについて（例え

ば「どんな国に行ってみたいか」）10分間英語で書くという単純なタスクです（辞書も使用可です）。大学の授業は年間30回ありますから，すべての授業に出席した学生はこのタスクを30回繰り返すことになります（ただしトピックは2週間ごとに変わります）。

　研究では特に流暢さ（10分間に何語書けたか）に焦点を絞り，このタスクを繰り返すうちに相転移を経験した学習者が存在したことがわかりました。この学習者は，相転移が起きたとき10分間に書けた単語数が突然増えていただけでなく，パラグラフの作り方を変化させるなどの質的な変化も起こしていました。また，相転移が起きる直前には触媒が存在していました。彼女はある週に「とにかく書き続けるのだと自己暗示をかけた」と振り返っていました。彼女には他のクラスに英語のよくできる友人がいて，これはその友人の助言だったそうです。この自己暗示が触媒となり，作文の書き方が変化し，その後流暢さに相転移が起きていたのです。

　実際，複雑系理論の立場をとる研究者らは創発こそが発達の要だと考え，これを中心に据えた研究を行っています。確かに日々の小さな成長も大事ですが，その人の記憶に残るような，さらには人生を変えうるような大きな変化がいつどうやって起きるのか，あるいはどんな学習をすればそれを起こすことができるのかを調べるのは非常に重要です。複雑系理論が英語能力についてもこのような視点をもたらしたのは大きな功績といえるでしょう。

❖第5節のポイント

- ✓ 複雑系は突然それまでの状態から予想できないような変化を起こし，新しい状態やパタンが生まれることがある。このような現象を創発，あるいは相転移という。
- ✓ 英語学習でもテストのスコアだけでなく，いつ，どうやったら創発や相転移を起こすことができるかなど，英語力の変化の仕方についても意識してみよう。

> 読書案内

○Larsen-Freeman, D., & Cameron, L. (2008). ***Complex systems and applied linguistics***. Oxford: Oxford University Press.
研究者向けの本ですが，SLA における複雑系理論といえばこの本です。複雑系に関する重要な概念について，そしてそれが SLA 研究にどのように応用できるかについてわかりやすく解説しています。

○新多了，馬場今日子 『英語教育　2014年10月号〜2015年3月号』連載「〈**複雑系**〉で英語学習観が変わる—SLA の最新理論から」第1〜6回，大修館書店．
複雑系とは何か，バタフライ効果，相転移と創発，自己組織化とアトラクター，複雑系理論を用いた研究手法について，英語学習に関連させながらわかりやすく説明しています。

❖ディスカッション・ポイント ･･････････････････････････････････････

□　自分の体験の中で，複雑系の特徴（開放性，適応，アトラクター，自己組織化，創発・相転移）に当てはまるようなことを思い出し，他の人に語ってみてください（第二言語習得に関連する体験だと理想的ですが，そうでなくてもかまいません）。共感を得られたら成功です。

おわりに

　本書執筆中，何度も頭に浮かんできた本があります。『小商いのすすめ』（平川克美）という本です。その中に次のような一節があります。

　「「小商い」ですから，売るものは限られていますし，高価な物はありません。ただ，路地裏に迷い込んできたお客さんに対して，棚から自分で仕入れてきた商品を取り出して埃を払い，丁寧に磨いて，お客さんの手に取ってもらい，お客さんが納得するまで商品の説明をして，満足していただけるようなら代金をいただく。そういうつもりで，埃を払いながら，丁寧に磨いた自分の思考を書き綴ったものです。」（p.1）

　本書もまたこの小商いの姿勢で丁寧に書き綴ってきました。「英語を学ぶ」というと，いかに効率的に短期間で身につけられるかに注目が集まりがちです。しかし，私たちが第二言語を身につけようとする営みには，その言語がうまくなること以上の大切な何かが含まれています。SLA 研究を通じてこれまで私たちが磨いてきた考えを知っていただければという思いで，本書を書いてきました。

　『小商いのすすめ』が頭に浮かんだもう 1 つの理由は，その本の重要な主張の 1 つが「ヒューマン・スケールの復興」にあったからです。つまり，人間の力を超えようとする技術革新がさまざまな面で限界を示している現代において，もう少し身の丈にあった生き方を取り戻してはどうか，という提案です。

　テーマはまったく異なりますが，本書にも同様のメッセージが通奏低音として流れています。SLA 研究は認知的アプローチを採用することで急速に発展してきましたが，これは，（狭い意味での）科学的アプローチと言い換えることもできます。つまり，第二言語習得のさまざまな現象を数値化し，誰の目にも明らかな客観的データをできるだけ効率的に得ようとする方法です。

　この科学的手法をとることで，短期間のうちに膨大な量の研究成果を積み重ね，大きく発展してきたことは間違いありません。しかしその一方で，客観性と効率性重視のアプローチは第二言語習得が本来持っている多様性や複雑性を

見過ごしてきたように思います。第二言語習得に取り組むのは決して情報処理マシーンではなく，感情を持ち，生身の肉体を持った人間です。人間が行うことですので，不合理なことや無駄なことがたくさんあり，思考や感情は日々変化していきます。そこには数字だけではとらえきれないさまざまな要因が複雑にからみあって存在しているはずです。

　本書の中でスポットライトを当てた試みは決して効率的ではありませんし，必ずしも明快な結果が得られないことも多々あります。しかし，このような複雑さこそが第二言語習得の現実であり，その難問をなんとか理解しようとあの手この手を尽くすところに，この分野の魅力があります

　本書の目的は SLA の魅力を知っていただくことですが，より大きな目的は，1つの現象に対してまったく異なる見方があり，それらを知ることで世界がより豊潤で立体的な姿に見えてくることを伝えることでした。

　本書では SLA 分野で研究されてきたテーマについてさまざまな視点から考えるため，各章では表にまとめたような対照的な視点を取り上げました。

章	対象となる現象	エピステモロジーの対比
2	母語習得	生得的言語習得観と創発的言語習得観
3	使用言語数	モノリンガリズムとバイリンガリズム
4	第二言語習得	認知的アプローチとエコロジカルアプローチ
5	第二言語能力	認知的アプローチと社会的アプローチ
6	第二言語学習タスク	還元主義とエコロジカルアプローチ
7	個人差要因	認知的アプローチとナラティブアプローチ
8	動機づけ	マクロレベルとミクロレベルの動機づけ
9	子どもの発達	認知的発達理論と社会文化理論
10	森羅万象	還元主義と複雑系理論

　各章で紹介したさまざまな対比を理解すると，視点によって世界はまったく異なって見えてくることが体感できます。そして，新しい見方を身につけることができれば，今まで見えなかったことが見えてきます。新しいエピステモロジーが新しい発見を運んでくるのです。

　「はじめに」でも紹介しましたが，教育学者の苅谷剛彦は，常識にどっぷり

浸り，自分の考えを放棄し，ものごとの一面だけに目を向けることを「単眼思考」，1つの視点にとらわれず，複数の視点を自由に行き来しながら相対化することを「複眼思考」と呼びました（『知的複眼思考法』）。第二言語習得というテーマを通して，「複眼思考」を身につけるきっかけにしてもらうことが本書の最大の目的です。この本の読者にとって，第二言語習得をさまざまな視点から考え，また世界を複眼的に見るきっかけとなれば，これほど嬉しいことはありません。

　この本を執筆する過程ではたくさんの方に助けていただきました。この本は筆者らがこれまで行ってきた講義の内容をもとに執筆しました。講義での受講生との対話が本書の重要な土台となっています。講義を聴き，さまざまな意見をくれた学生のみなさんに感謝したいと思います。

　また各章はSLAおよび言語学分野でグローバルに活躍されている多くの方々に原稿を読んでいただき，さまざまなアドバイスをいただきました。佐々木みゆき先生（名古屋市立大学），新谷奈津子先生（オークランド大学），鈴木渉先生（宮城教育大学），高野祐二先生（金城学院大学），水田愛先生（ブリティッシュ・コロンビア大学），八島智子先生（関西大学），山下淳子先生（名古屋大学）には，この場を借りて感謝をお伝えしたいと思います。

　最後になりましたが，本書の編集を担当していただきました大修館書店の小林奈苗さんには，なかなか進まない執筆を優しく見守っていただき，最初の読者としていつも的確なコメントをいただきました。素晴らしい伴走者に恵まれたことで，楽しい時間を過ごすことができました。

　本が大好きな者にとって，自分たちの本を書いて出版することはこの上なく幸せなことです。本書を通して，SLAを1人でも多くの方に知っていただき，読者の皆様の人生に少しでも役立つことができれば，著者としてこれほど嬉しいことはありません。

2016年7月

新多　了

参考文献
(＊はお勧めの SLA 入門書)

Atkinson, D. (Ed.). (2011). *Alternative approaches to second language acquisition*. London: Routledge.

Baba, K., & Nitta, R. (2014). Phase transitions in the development of writing fluency from a complex dynamic systems perspective. *Language Learning, 64*(1), 1-35.

Bachman, L. F., & Palmer, A. S. (1996). *Language testing in practice: Designing and developing useful language tests*. Oxford: Oxford University Press.

Baddeley, A. (2000). The episodic buffer: A new component of working memory? *Trends in cognitive sciences, 4*(11), 417-423.

Bakalis, S., & Joiner, T. A. (2004). Participation in tertiary study abroad programs: The role of personality. *International Journal of Educational Management, 18*(5), 286-291.

Bialystok, E., Craik, F. I. M., & Freedman, M. (2007). Bilingualism as a protection against the onset of symptoms of dementia. *Neuropsychologia, 45*, 459-464.

Block, D. (2003). *The social turn in second language acquisition*. Washington, D.C.: Georgetown University Press.

＊Brown, S., & Larson-Hall, J. (2012). *Second language acquisition myths: Applying second language research to classroom*

Canale, M., & Swain, M. (1980). Theoretical bases of communicative approaches to second language teaching and testing. *Applied Linguistics, 1*(1), 1-47.

Carroll, J. B., & Sapon, S. M. (1959). *Modern language aptitude test*.

Corder, S. P. (1967). The significance of learner's errors. *International Review of Applied Linguistics in Language Teaching, 5*(1-4), 161-170.

Cummins, J. (2001). *Negotiating identities: Education for empowerment in a diverse society*. Ontario, CA: California Association for Bilingual Education.

Council of Europe. (2001). *Common European Framework of Reference for Languages: learning, teaching, assessment*. Cambridge: Cambridge University Press.

Deci, E. L., & Ryan, R. M. (1985). *Intrinsic motivation and self-determination in human behavior*. Dordrecht: Springer.

Dewaele, J.-M., & Furnham, A. (2000). Personality and speech production: A pilot study of second language learners. *Personality and Individual Differences, 28*(2), 355-365.

Dewaele, J.-M., & Van Oudenhoven, J. P. (2009). The effect of multilingualism/multiculturalism on personality: No gain without pain for Third Culture Kids? *International Journal of Multilingualism, 6*(4), 443-459.

Dörnyei, Z. (2009). The L2 motivational self system. In Z. Dörnyei & E. Ushioda (Eds.), *Motivation, language identity and the L2 self* (pp. 9-42). Bristol: Multilingual Matters.

Dörnyei, Z., & Ottó, I. (1998). Motivation in action: A process model of L2 motivation. *Working Papers in Applied Linguistics*, 4, 43-69.

Dörnyei, Z., & Ushioda, E. (2011). *Teaching and researching motivation* (2nd edition). London: Routledge.

DuFon, M. A. (2006). The socialization of taste during study abroad in Indonesia. In M. A. DuFon & E. Churchill (Eds.), *Language learners in study abroad contexts* (pp. 91-119). Clevedon, UK: Multilingual Matters.

Dweck, C. (2006). *Mindset: The new psychology of success*. NY: Random House.

Ehman, M. (2008). Personality and good language learners. In Griffiths (Ed.), *Lessons from good language learners* (pp. 61-72). Cambridge: Cambridge University Press.

Firth, A., & Wagner, J. (1997). On discourse, communication, and (some) fundamental concepts in SLA research. *The Modern Language Journal, 81*(3), 285-300.

Flege, J. E., Yeni-Komshian, G. H., & Liu, S. (1999). Age constraints on second-language acquisition. *Journal of memory and language, 41*(1), 78-104.

Gardner, R. C., & Lambert, W. E. (1972). *Attitudes and motivation in second-language learning*. Rowley, Mass: Newbury House Publishers.

Gass, S. M., & Varonis, E. M. (1994). Input, interaction, and second language production. *Studies in Second Language Acquisition, 16*(3), 283-302.

Hakuta, K., Butler, Y. G., & Witt, D. (2000). *How long does it take English learners to attain proficiency?* UC LMRI. Santa Barbara, CA: University of California Linguistic Minority Research Institute.

Harrington, M., & Sawyer, M. (1992). L2 working memory capacity and L2 reading skill. *Studies in Second Language Acquisition, 14*(1), 25-38.

Higgins, E. T. (1987). Self-discrepancy: A theory relating self and affect.

Psychological Review, 94(3), 319-340.

Hymes, D. H. (1972). On communicative competence. In J. B. Pride & J. Holmes (Eds.), *Sociolinguistics: Selected readings* (pp. 269-293). Harmondsworth, England: Penguin.

Johnson, J. S., & Newport, E. L. (1989). Critical period effects in second language learning: The influence of maturational state on the acquisition of English as a second language. *Cognitive Psychology, 21*(1), 60-99.

Kagan, J. (1998). *Galen's prophecy: Temperament in human nature*: NY: Basic Books.

Larsen-Freeman, D. (2007). Reflecting on the cognitive-social debate in second language acquisition. *The Modern Language Journal, 91*(s1), 773-787.

Larsen-Freeman, D., & Cameron, L. (2008). *Complex systems and applied linguistics*. Oxford: Oxford University Press.

Larsen-Freeman, D., & Cameron, L. (2008). Research methodology on language development from a complex systems perspective. *The Modern Language Journal, 92*(2), 200-213.

Larson-Hall, J. (2006). What does more time buy you? Another look at the effects of long-term residence on production accuracy of English//and/l/by Japanese speakers. *Language and Speech, 49*(4), 521-548.

Lenneberg, E. H. (1967). *Biological foundations of language*. NY: Wiley & Sons.

MacIntyre, P. D., Dörnyei, Z., Clément, R., & Noels, K. A. (1998). Conceptualizing willingness to communicate in a L2: A situational model of L2 confidence and affiliation. *The Modern Language Journal, 82*(4), 545-562.

MacIntyre, P. D., & Legatto, J. J. (2010). A dynamic system approach to willingness to communicate: Developing an idiodynamic method to capture rapidly changing affect. *Applied Linguistics, 32*(2), 149-171.

Mackey, A., Philip, J., Egi, T., Fujii, A., & Tatsumi, T. (2002). Individual differences in working memory, noticing of interactional feedback and L2 development. In P. Robinson (Ed.), *Individual differences and instructed language learning* (pp. 181-210). Amsterdam: John Benjamins.

McAdams, D. P., & Pals, J. L. (2006). A new Big Five: Fundamental principles for an integrative science of personality. *American Psychologist, 61*(3), 204-217.

Muñoz, C. (2006). *Age and the rate of foreign language learning*. Bristol: Multilingual Matters.

Newport, E. L. (1990). Maturational constraints on language learning. *Cognitive Science, 14*(1), 11-28.

Nitta, R., & Baba, K. (2014). Task repetition and L2 writing development. *Task-based language learning: Insights from and for L2 writing*, (pp. 107-136). Amsterdam: John Benjamins.

Nitta, R., & Baba, K. (2015). Self-regulation in the evolution of the ideal L2 self: A complex dynamic systems approach to the L2 Motivational Self System. In Z. Dörnyei, P. MacIntyre, & A. Henry (Eds.), *Motivational dynamics in language learning* (pp. 367-396). Bristol: Multilingual Matters.

Noels, K. A. (2001). Learning Spanish as a second language: Learners' orientations and perceptions of their teachers' communication style. *Language Learning, 51*(1), 107-144.

Nortion Peirce, B. (1995). Social identity, investment, and language learning. *TESOL Quarterly, 29*(1), 9-31.

Obler, L. (1989). Exceptional second language learners. In S. Gass, C. Madden, D. Preston, & L. Selinker (Eds.), *Variation in second language acquisition: Psycholinguistic issues* (pp. 141-159). Clevedon. Multilingual Matters.

Ortega, L. (2009). *Understanding second language acquisition*. London: Hodder.

Ortega, L. (2012). Epistemological diversity and moral ends of research in instructed SLA. *Language Teaching Research, 16*, 206-226.

Oyama, S. (1976). A sensitive period for the acquisition of a nonnative phonological system. *Journal of Psycholinguistic Research, 5*(3), 261-283.

Ożańska-Ponikwia, K., & Dewaele, J.-M. (2012). Personality and L2 use: The advantage of being open minded and self-confident in an immigration context. *Eurosla Yearbook, 12*(1), 112-134.

Riggenbach, H., & Samuda, V. (2000). *Grammar dimensions: Form, meaning, and use*. Boston, MA: Heinle & Heinle Publishers.

Robinson, P. (2002). Learning conditions, aptitude complexes, and SLA. In P. Robinson (Ed.), *Individual differences and instructed language learning* (pp. 113-133). Amsterdam: John Benjamins.

Rubin, J. (1975). What the "good language learner" can teach us. *TESOL Quarterly*, 41-51.

Ruvolo, A. P., & Markus, H. R. (1992). Possible selves and performance: The power of self-relevant imagery. *Social Cognition, 10*(1), 95.

Sachs, J., Bard, B., & Johnson, M. L. (1981). Language learning with restricted input: Case studies of two hearing children of deaf parents. *Applied Psycholinguistics, 2*, 33-54.

Samuda, V. (2001). Guiding relationships between form and meaning during task performance: The role of the teacher. In M. Bygate, P. Skehan & M. Swain (Eds.), *Researching pedagogic tasks: Second language learning, teaching and testing* (pp. 119-140). Harlow: Longman.

Sasaki, M., & Hirose, K. (1996). Explanatory variables for EFL students' expository writing. *Language Learning, 46*, 137-174.

Schachter, J. (1974). An error in error analysis. *Language Learning, 24*, 205-214.

Schmidt, R., & Frota, S. (1986). Developing basic conversational ability in a second language: A case study of an adult learner of Portuguese. In R. R. Day (Ed.), *Talking to learn: Conversation in second language acquisition* (pp. 237-326). Rowley, Mass: Newbury House Publishers.

Singleton, D. M., & Ryan, L. (2004). *Language acquisition: The age factor.* Bristol: Multilingual Matters.

Skehan, P. (1986). The role of foreign language aptitude in a model of school learning. *Language Testing, 3*(2), 188-221.

Skehan, P. (1989). *Individual differences in second language learning.* London: Arnold.

Soldz, S., & Vaillant, G. E. (1999). The Big Five personality traits and the life course: A 45-year longitudinal study. *Journal of Research in Personality, 33*(2), 208-232.

Thompson, A. S. (2013). The interface of language aptitude and multilingualism: Reconsidering the bilingual/multilingual dichotomy. *The Modern Language Journal, 97*(3), 685-701.

Verhoeven, L., & Vermeer, A. (2002). Communicative competence and personality dimensions in first and second language learners. *Applied Psycholinguistics, 23*(3), 361-374.

Yashima, T. (2002). Willingness to communicate in a second language: The Japanese EFL context. *The Modern Language Journal, 86*(1), 54-66.

Wesche, M. (1981). Language aptitude measures in streaming, matching students with methods, and diagnosis of learning problems. In K. Diller (Ed.), *Individual differences and universals in language learning aptitude* (pp. 119-154). Rowley,

MA: Newbury House.

アロウェイ，トレーシー＆アロウェイ，ロス（2013）『脳のワーキングメモリを鍛える！——情報を選ぶ・つなぐ・活用する』NHK出版

和泉伸一（2009）『フォーカス・オン・フォームを取り入れた新しい英語教育』大修館書店

今井むつみ（2013）『ことばの発達の謎を解く』ちくまプリマー新書

＊大関浩美，白井恭弘（2010）『日本語を教えるための第二言語習得論入門』くろしお出版

苧阪満里子（2002）『脳のメモ帳　ワーキングメモリ』新曜社

苅谷剛彦（2002）『知的複眼思考法——誰でも持っている想像力のスイッチ』講談社

白井恭弘（2012）『英語はもっと科学的に学習しよう』中経出版

＊白井恭弘（2012）『英語教師のための第二言語習得論入門』大修館書店

鈴木孝明，白畑知彦（2012）『ことばの習得——母語獲得と第二言語習得』くろしお出版

竹内理，水本篤（2012）『外国語教育研究ハンドブック——研究手法のより良い理解のために』松柏社

鶴田庸子，ロシター，ポール＆クルトン，ティム（1988）『英語のソーシャルスキル』大修館書店

中川李枝子，松岡享子，若菜晃子，松居直（2014）『石井桃子のことば』新潮社

ネトル，ダニエル（2009）『パーソナリティを科学する——特性5因子であなたがわかる』白揚社

バトラー後藤裕子（2005）『日本の小学校英語を考える——アジアの視点からの検証と提言』三省堂

バトラー後藤裕子（2011）『学習言語とは何か——教科学習に必要な言語能力』三省堂

平川克美（2012）『小商いのすすめ——「経済成長」から「縮小均衡」の時代へ』ミシマ社

廣森友人（2015）『英語学習のメカニズム』大修館書店

古市憲寿（2015）『保育園義務教育化』小学館

ホルツマン，ロイス（2014）『遊ぶヴィゴツキー——生成の心理学へ』新曜社

松村昌紀（2012）『タスクを活用した英語授業のデザイン』大修館書店

マテ，ガボール（2003）『身体が「ノー」と言うとき——抑圧された感情の代価』日本教文社

＊村野井仁（2006）『第二言語習得研究から見た効果的な英語学習法・指導法』大修館書店
八島智子（2004）『外国語コミュニケーションの情意と動機——研究と教育の視点』関西大学出版部
柳瀬陽介（著），小泉清裕（2015）『小学校からの英語教育をどうするか』岩波書店
＊ライトバウン，パッツィ・M＆スパダ，ニーナ（2014）『言語はどのように学ばれるか——外国語学習・教育に生かす第二言語習得論』岩波書店
リクソン，シーラ，小林美代子，八田玄二，宮本弦，山下千里（2013）『チュートリアルで学ぶ新しい「小学校英語」の教え方』玉川大学出版部

索引

【人名索引】

アラン・バッドリー（Alan Baddeley） 118

エリサ・ニューポート（Elissa Newport） 156

エリック・レネバーグ（Eric Lenneberg） 156

ジェームズ・ギブソン（James Gibson） 110

ジム・カミンズ（Jim Cummins） 48, 49

ジャクリン・サックス（Jacqueline Sachs） 26

ジャン・ピアジェ（Jean Piaget） 164

ジョン・キャロル（John Carrol） 115

スティーブン・クラッシェン（Stephen Krashen） 65

フェルディナン・ド・ソシュール（Ferdinand de Saussure） 78

ゾルタン・ドルニェイ（Zoltán Dörnyei） 88, 139

ダイアン・ラーセン-フリーマン（Diane Larsen-Freeman） 71

ダン・マックアダムズ（Dan McAdams） 130

デービッド・ブロック（David Block） 64

ノーム・チョムスキー（Norm Chomsky） 19

パトリシア・クール（Patricia Kuhl） 26

バラス・スキナー（Burrhus Frederic Skinner） 19

ピーター・スキーアン（Peter Skehan） 116

ピーター・ロビンソン（Peter Robinson） 121

ピエール・ブルデュー（Pierre Bourdieu） 90

ピット・コーダー（Pit Corder） 58, 95, 103

ボニー・ノートン（Bony Norton） 88

マイケル・トマセロ（Michael Tomasello） 19

マイケル・ロング（Michael Long） 66, 103

メリル・スウェイン（Merrill Swain） 68

リチャード・シュミット（Richard Schimidt） 101

レフ・ヴィゴツキー（Lev Vygotsky） 167

ローデス・オルテガ（Lourdes Ortega） 36, 73

ロバート・ガードナー（Robert Gardner） 135

【事項索引】

欧文

BICS（→基本的対人伝達能力） 51, 52, 56

CALP（→認知・学習言語能力） 51, 52, 56

ＥＦＬ（English as a Foreign Language） 6
ＥＳＬ（English as a Second Language） 6
MLAT（→現代言語適性テスト） 115, 123

あ

アイデンティティ（identity） 86, 88-93, 129, 132, 140, 171
アウトプット（output） 7, 62-64
　アウトプット仮説（Output Hypothesis） 68, 70
　押し出されたアウトプット（pushed output） 70
アトラクター（attractor） 182-184, 188
アフォーダンス（affordance） 110-111
誤り（errors） 58, 61
暗示的学習（implicit learning） 95-96, 101
生きる力 169-170, 172
イマージョン教育（immersion education） 68, 101
意味交渉（negotiation for meaning） 67
インタラクション（interaction） 7
インタラクション仮説（Interaction Hypothesis） 66-68, 70, 103
インテイク 64
インプット（input） 7, 62-64
　インプット仮説（Input Hypothesis） 65, 70
　理解可能なインプット（comprehensible input） 66, 68, 70
エージェント（agent） 173-175, 178, 184, 188
エコロジカルアプローチ（ecological approach） 72, 74, 110-111

エピステモロジー（epistemology） 73
エピステモロジカル・ダイバーシティ（epistemological diversity） 73-74, 77
オーディオリンガル・メソッド（Audiolingual Method） 97

か

外向性（extroversion） 124-125, 127
概念や機能に基づくシラバス（notional-functional syllabus） 100
外発的動機づけ（extrinsic motivation） 138
回避（avoidance） 40
開放性（openness）［複雑系理論］ 178, 180-181
開放性（Openness），経験への開放性（Openness to Experience）［パーソナリティ］ 127-128, 132
学際性（interdisciplinarity） 13
学習方略（learning strategies） 114
可能性のある自己イメージ（possible selves） 140
感覚記憶（sensory memory） 117
還元主義（reductionism） 15, 71, 81, 176, 178
気質（temperament） 124
気づき（noticing） 64, 102
　気づき仮説（Noticing Hypothesis） 101-102, 104
基本的対人伝達能力（BICS=Basic Interpersonal Communicative Skills） 51
教育的環境（instructed contexts） 6
共同注意（joint attention） 28-30, 32
共有基底言語能力（Common Underlying Proficiency） 49

言語コミュニケーション能力
　（communicative language ability）　79, 81
言語習得装置（Language Acquisition Device）　22, 24-25
言語知識（language knowledge）　79, 81
言語的シラバス（linguistic syllabus）　100
現代言語適性テスト（Modern Language Aptitude Test: MLAT）　115, 123
原理とパラメータのアプローチ（principles and parameters approach）　21
行動主義（behaviorism）　19-20, 58, 98
国際指向性（international posture）　139, 144
心の理論（theory of mind）　28, 30, 32
固定的マインドセット（fixed mindset）　122
個別言語　22
コミュニカティブ・コンピタンス（communicative competence）　79
コミュニカティブ教授法（communicative language teaching: CLT）　98, 101, 106
コミュニケーション意欲（willingness to communicate: WTC）　148-149
語用論（pragmatics）　45
混合研究法（mixed method）　4
コンテクスト　61-62, 180
コンピタンス（competence）　78, 84

さ

刺激の貧困（poverty of the stimulus）　22-24

自己概念（self-concept）　140
自己決定理論（Self-Determination Theory）　138
自己組織化（self-organization）　184-186, 188
自己調整（self-regulation）　151
　自己調整活動　152
　自己調整力　151-152
自己不一致理論（self-discrepancy theory）　141
システム　142, 174-175, 178
　閉じたシステム　179, 181
　開いたシステム　179, 181
自然な環境（naturalistic contexts）　6
実行の動機づけ（executive motivation）　145, 146
質的方法（qualitative method）　4
指導方針を持った遊び（principled fun）　169
社会的コンテクスト　89, 92-93
社会文化理論（Sociocultural Theory）　88, 167
習慣形成（habit formation）　19, 58, 98
主語優勢言語（subject prominent language）　43, 45
主体性（agency）　72
主題優勢言語（topic prominent language）　44-45
情報構造（information structure）　43, 45, 48
情報処理アプローチ（information-processing approach）　62
触媒（catalyst）　189
神経質傾向（Neuroticism）　127
スナップショット・アプローチ

（snapshot approach）108
スマーティ課題 30
刷り込み現象（imprinting）156
誠実性（Conscientiousness）127
生得主義（nativism）19, 22, 62
正の転移（positive transfer）39
セルフ（self）88-89, 140
選択の動機づけ（choice motivation）145-146
相互依存仮説（Interdependence Hypothesis）49
相互関連（interconnectedness）180
相互作用 174-175, 177-178, 186
総主文 44
相転移（phase shift）188-190
創発（emergence）188-189, 191
創発主義（emergentism）19, 24
ソーシャルターン（the social turn）16, 71, 74

た
対照分析仮説（Contrastive Analysis Hypothesis）40, 43
第二言語動機づけの自己システム（L2 Motivational Self System）142
　あるべき第二言語使用者としての自己（ought-to L2 self）143
　第二言語学習経験（L2 learning experience）144
　理想とする第二言語使用者としての自己（ideal L2 self）142, 144, 146, 152
多言語主義（multilingualism）161
タスク 104-106
　プロセスにおけるタスク（task-in-process）108

ワークプランとしてのタスク（task-as-workplan）108-109
単眼思考 195
短期記憶（short-term memory）117
中央実行系 119
長期記憶（long-term memory）117
調和性（Agreeableness）127
適応（adaptation）179, 181, 185
適合（accommodation）165
適性と指導の相互作用（Aptitude-Treatment Interaction）120
転移（transfer）38
同化（assimilation）165
動機づけに関する振り返り（motivational retrospection）146
道具的動機づけ（instrumental motivation）138, 143-144
統合的動機づけ（integrative motivation）137-138, 143-144
投資（investment）88-93
動的平衡（dynamic equilibrium）179

な
内言，内的スピーチ（inner speech）168
内向性（introversion）124-125
内発的動機づけ（intrinsic motivation）139
ナラティブ 130
　ナラティブ研究 84
ニュー・ビッグファイブ 129-131
認知・学習言語能力（CALP=Cognitive Academic Language Proficiency）51
認知発達理論 164

は

バイリンガリズム（二言語主義）　48

発達の最近接領域（Zone of Proximal Development: ZPD）　167-168

発展的マインドセット（growth mindset）　122

話す権利（the right to speak）　92-93

パフォーマンス（performance）　78, 84

パラメータ　21-22

バルセロナ年齢要因（Barcelona Age Factor: BAF）プロジェクト　159-160

ビッグファイブモデル（Big Five Model）　126, 129, 132

ビルトイン・シラバス（built-in syllabus）　59-61, 103

フィードバック　186-187

フォーカス・オン・フォーム（focus on form: FonF）　102, 104, 106, 112

複眼思考　iv, 195

複合適性（aptitude complexes）　121

複雑系（complex system）　173-175

複雑系理論　149-150

二山氷山理論（Dual Iceberg Theory）　49

負の転移（negative transfer）　38-39, 43

普遍原理　22

普遍文法（Universal Grammar）　21-23, 25, 62

プライベート・スピーチ（private speech）　168

プロセス・モデル（process model）　145

文化資本（cultural capital）　90, 93

文法訳読式教授法（Grammar Translation Method）　97, 101-102

ベビーサイン　34

方略的能力（strategic competence）　79, 81

ま

明示性の程度（degree of explicitness）　95

明示的学習（explicit learning）　95-96, 101-102

メタ認知　79

モノリンガリズム（一言語主義）　48

や

勇気づけること（empowerment）　52

有標性（markedness）　41, 43

良い言語学習者（good language learners）　114

用法基盤モデル（usage-based model）　25, 26

ヨーロッパ共通言語参照枠（Common European Framework of Reference for Languages）　161, 171

ら

ライフストーリー　129-132

ラング（langue）／パロール（parole）　78

リキャスト（recast）　103, 106, 121

量的方法（quantative method）　4

わ

ワーキングメモリ（working memory）　118-120, 122-123

[著者紹介]

馬場　今日子（ばば　きょうこ）
金城学院大学文学部英語英米文化学科教授。早稲田大学第一文学部英文学専修卒業。名古屋大学大学院国際言語文化研究科で修士号を，カナダのトロント大学オンタリオ教育研究所で博士号（PhD in Second Language Education）を取得。主な論文に，'Phase transitions in dynamic development of writing fluency from a complex dynamic systems perspective'（*Language Learning*, 2014）などがある。

新多　了（にった　りょう）
立教大学外国語教育研究センター・センター長，教授。上智大学文学部英文学科卒業。英国ウォーリック大学大学院応用言語学研究所において修士号および博士号（PhD in Applied Linguistics）を取得。主な論文に，'A multi-faceted approach to investigating pre-task planning effects on paired oral test performance'（*Language Testing*, 2014）などがある。

はじめての第二言語習得論講義──英語学習への複眼的アプローチ
©Baba Kyoko, Nitta Ryo, 2016　　　　　　　　NDC 375／x, 207p／21cm

初版第1刷──2016年9月10日
　第4刷──2022年3月10日

著者──────馬場今日子，新多　了
発行者─────鈴木一行
発行所─────株式会社　大修館書店
　　　　　　　〒113-8541　東京都文京区湯島2-1-1
　　　　　　　電話03-3868-2651（販売部）03-3868-2294（編集部）
　　　　　　　振替00190-7-40504
　　　　　　　［出版情報］https://www.taishukan.co.jp

装丁者─────CCK
印刷所─────広研印刷
製本所─────ブロケード

ISBN 978-4-469-24608-7　Printed in Japan
Ⓡ本書のコピー，スキャン，デジタル化等の無断複製は著作権法上での例外を除き禁じられています。本書を代行業者等の第三者に依頼してスキャンやデジタル化することは，たとえ個人や家庭内での利用であっても著作権法上認められておりません。